Renée Holler · Verschollen im Regenwald

Renée Holler

Verschollen im Regenwald

Illustrationen von Günther Jakobs

Bibliografische Information Der Deutschen Bibliothek
Die Deutsche Bibliothek verzeichnet diese Publikation in der
Deutschen Nationalbibliografie; detaillierte bibliografische Daten
sind im Internet über *http://dnb.ddb.de* abrufbar.

Der Umwelt zuliebe ist dieses Buch auf chlorfrei gebleichtem Papier gedruckt.

ISBN 3-7855-5382-X – 1. Auflage 2005
© 2005 Loewe Verlag GmbH, Bindlach
Umschlagillustration: Günther Jakobs
Umschlaggestaltung: Andreas Henze
Gesamtherstellung: Clausen und Bosse, Leck
Printed in Germany

www.loewe-verlag.de

Inhalt

Ein ungebetener Besucher. 11
Die Suche nach Pedro 21
Winterferien im Regenwald 31
Die Siedlung am Fluss 40
Graf Dracula 50
Durch den Urwald 60
Bei den Yanomami 69
Biopiraten im Regenwald. 79
Im Goldgräberlager 89
Kiko ist die Rettung 99

Lösungen 108
Glossar 110
Brasilien – das Land des Amazonas. 113

Ein ungebetener Besucher

„Warte auf mich", rief Safira und stieg eilig hinter ihrem Bruder in den Bus. Sie reichte dem Schaffner das Fahrgeld und drängelte sich an den anderen Fahrgästen vorbei nach vorne. Ihr Bruder hatte den letzten Sitz ergattert und berichtete seinem neben ihm sitzenden Schulfreund José aufgeregt vom bevorstehenden Besuch im Regenwald.

„Die Forschungsstation, auf der unser Vater arbeitet, liegt mitten im Wald", erklärte er gerade. „Die nächste Stadt ist kilometerweit entfernt. Wenn man aus der Hütte tritt, muss man höllisch aufpassen, dass man nicht über eine Anakonda stolpert. In den Flüssen wimmelt es nur so vor Alligatoren und Piranhas mit messerscharfen Zähnen."

„Und ihr dürft euren Vater dort wirklich besuchen?" José staunte Raul mit offenem Mund an.

„Klar! Unsere Mutter hat die Flüge schon gebucht. Nächste Woche, gleich zum Ferienanfang, fliegen wir los."

„Menschenskinder", der Junge staunte immer noch. „Ich hätte auch gerne einen Vater, der Botani-

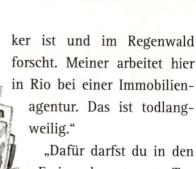

ker ist und im Regenwald forscht. Meiner arbeitet hier in Rio bei einer Immobilienagentur. Das ist todlangweilig."

„Dafür darfst du in den Ferien den ganzen Tag am Strand verbringen", tröstete Safira den Jungen.

„Das macht genauso viel Spaß. Und außerdem ist unser Vater nicht ständig im Regenwald unterwegs. Meistens sitzt er hier in Rio in seinem Büro im Jardim Botânico und katalogisiert Pflanzen. Das ist auch nicht besonders spannend."

In diesem Augenblick bog der Bus scharf um die Ecke in die Rua Visconde de Pirajá ein. Safira schaffte es gerade noch, sich an den Haltegriffen festzuhalten, ohne durch den Bus zu segeln.

„Mit dem Strand hast du Recht", stimmte ihr José zu. „Ich habe zum Geburtstag ein Surfbrett bekommen. Bisher habe ich es noch nicht geschafft, darauf zu stehen, aber mein älterer Bruder hat mir versprochen, es mir in den Ferien endlich beizubringen. Da werde ich jede freie Minute am Strand sein."

„Cool, das würde ich auch gerne lernen", sagte Raul begeistert.

Die Rua war total verstopft, und der Bus fuhr nur stockend weiter. Der Geruch von Abgasen und das Knattern von Motoren drangen durch die offenen Fenster. Wenig später überquerten sie den Kanal, der die Lagune mit dem Meer verband. Sie waren im Stadtteil Leblon angekommen.

„Wir müssen aussteigen", erinnerte Safira ihren Bruder. Sie drückte auf den Halteknopf, schulterte ihre Schultasche und drängelte auf den Ausgang neben dem Fahrer zu. Draußen angekommen, winkten die Geschwister nochmals kurz José zu, der durchs Fenster freundliche Grimassen schnitt. Dann fuhr der Bus weiter.

„Ich bin ganz schön hungrig", meinte Raul. Der Essensgeruch, der aus dem Café neben der Bushaltestelle kam, war einfach zu verlockend. „Was Rosa uns wohl heute zum Mittagessen gekocht hat?"

„Erdnüsse, Kaugummis, Süßigkeiten!", rief da plötzlich eine helle Stimme neben ihm. Es war der Straßenjunge, der hier fast jeden Tag seine Waren in einem hölzernen Bauchladen anbot.

Raul zog ein paar Münzen aus seiner Hosentasche und reichte sie dem Jungen. „Eine Tüte Erdnüsse, bitte", sagte er und folgte dann kauend seiner Schwester über die Straße.

Das Haus, in dem sie wohnten, lag schräg gegenüber in einer etwas ruhigeren Seitenstraße. Hier waren

Schatten spendende Bäume angepflanzt, unter denen parkende Autos standen. Oduvaldo, der Pförtner und Hausmeister, saß wie immer auf seinem Stuhl gleich neben dem Eingang. Er war eingenickt und schlief mit offenem Mund. Auf seinem Schoß lag ein halb gelöstes Kreuzworträtsel. Die beiden Geschwister rannten an ihm vorbei die Stufen in den dritten Stock hoch.

„Komisch", wunderte sich Raul, als sie vor ihrer Wohnungstür ankamen, und steckte sich noch eine Erdnuss in den Mund. „Die Tür steht offen."

„Ach, die hat Rosa sicher nur für uns aufgemacht. Sie weiß doch, dass wir um diese Zeit von der Schule nach Hause kommen." Safira betrat die Diele und warf ihren Rucksack achtlos neben die Garderobe auf den Fußboden. Zielstrebig ging sie auf die Küche am Ende des Flurs zu und steckte ihren Kopf durch die Tür.

„Hallo, Rosa! Wir sind's." Doch die Küche war leer. Auf dem Herd stand auf kleiner Flamme ein Topf.

Raul schob sich an seiner Schwester vorbei und hob neugierig den Deckel. „Reis mit Hühnchen", stellte er fest. Dann holte er sich ein Glas aus dem Küchenschrank und goss sich Guaraná-Saft ein. „Wo Rosa nur steckt?"

Plötzlich hörten sie auf dem Flur eilige Schritte. Die Wohnungstür wurde geöffnet und fiel mit einem lauten Knall ins Schloss.

„Rosa?" Raul schaute hinaus auf den Gang. Doch nichts war zu sehen. „Seltsam", stellte er fest. „Das Essen steht auf dem Herd, doch von Rosa keine Spur. Und wer war das gerade im Gang? Irgendetwas stimmt hier nicht." Er trank das Glas in einem Zug aus, stellte es in die Spüle und begann, systematisch die Zimmer der Wohnung zu durchsuchen. Alles schien in Ordnung, bis er das Arbeitszimmer des Vaters betrat. „Du meine Güte!", rief er und verschluckte sich vor Schreck an einer der Erdnüsse, die er sich gerade in den Mund gesteckt hatte. Safira klopfte ihm auf den Rücken und blickte über seine Schulter in den Raum.

„Was ist denn hier passiert?" Das Zimmer, das gewöhnlich ordentlich aufgeräumt war, war in chaotischem Zustand. Schubladen waren aufgezogen und durchwühlt worden. Die Lampe lag auf dem Boden.

„Hier hat sich jemand gründlich umgesehen", kombinierte Raul trocken.

„Ein Einbrecher", meinte Safira. Dann packte sie plötzlich ihren Bruder am Arm. „Still", flüsterte sie. „Hast du das auch gehört?"

Deutlich vernahmen sie, wie ein Schlüssel in die Haustür gesteckt und die Tür geöffnet wurde. Dann folgten ein leises Klirren, als der Schlüsselbund auf den kleinen Tisch im Flur gelegt wurde, und ein fröhliches Summen, das Richtung Küche verschwand.

„Das ist nur Rosa", atmete Safira erleichtert auf.

Einen Augenblick später stand die Haushälterin neben den Kindern und starrte fassungslos auf die Unordnung im Arbeitszimmer.

„Aber wie ist das möglich?", murmelte sie kopfschüttelnd. „Mir ist das Salz ausgegangen, und da bin ich nur kurz zum Laden runter, um neues zu besorgen. Die Wohnungstür habe ich ganz bestimmt hinter mir abgeschlossen, daran kann ich mich ganz genau erinnern. Aber wie soll ein Einbrecher ohne

Schlüssel hier reinkommen? Was sollen wir nur tun? Eure Mutter ist noch in der Arbeit. Sie hat angerufen, dass sie heute etwas später nach Hause kommt."

„Wir müssen die Polizei rufen", schlug Raul vor. „Allerdings wissen wir nicht mal, ob was gestohlen wurde."

„Ja", stimmte Rosa zu. „Die Polizei muss auf alle Fälle her, um Spuren zu sichern. Und bis sie hier ankommt, ist eure Mutter sicher längst zu Hause. Dann kann sie den Beamten sagen, was gestohlen wurde." Sie lief in den Gang zum Telefon.

„Mama weiß ganz bestimmt auch nicht, was Papa hier in seinem Arbeitszimmer aufbewahrt", überlegte Safira düster. „Das weiß nur Papa, und den können wir nicht fragen." Doch plötzlich hellte sich ihr Blick auf. „Ich habe eine Idee." Sie verschwand und kehrte kurze Zeit später mit einem Foto zurück. „Schau dir das mal an", sagte sie und reichte das Bild ihrem Bruder. Das Foto zeigte ihren Vater. Er saß auf dem Stuhl vor seinem Schreibtisch und grinste in die Kamera.

„Das habe ich aufgenommen, kurz bevor Papa die Wohnung verließ, um nach Boa Vista zu fliegen", erklärte Safira. „Ich kann mich noch gut erinnern, dass es genau in dem Augenblick, als ich auf den Auslö-

ser drückte, an der Tür klingelte. Es war der Taxifahrer, der Papa zum Flughafen bringen sollte."

„Hervorragend", lobte Raul seine Schwester. „Zwar ist darauf nicht festzustellen, ob der Einbrecher etwas aus den Schubladen gestohlen hat, aber wenigstens können wir prüfen, ob irgendetwas anderes fehlt."

„Genau", erwiderte Safira, während sie das Foto aufmerksam mit dem Chaos im Zimmer verglich. „Und ich weiß auch schon, was."

Was ist aus dem Zimmer verschwunden?

Die Suche nach Pedro

Am nächsten Tag, einem Samstag, saßen Safira und Raul mit ihrer Mutter am Küchentisch. Es war Rosas freier Tag, und die Mutter hatte Feijoada, einen Bohneneintopf, gekocht.

„Die Polizei war ja nicht besonders an unserem Einbruch interessiert", meinte Raul, während er half, die leeren Teller vom Tisch zu räumen.

Die Mutter nickte zustimmend. „Die haben in Rio Wichtigeres zu tun, als einem Dieb nachzustellen, der nur einen Stapel Karteikarten gestohlen hat."

„Papa würde das bestimmt anders sehen", wandte Safira ein. „Für den waren die Karten sicher äußerst wichtig."

„Nachtisch?", fragte die Mutter und holte, ohne auf eine Antwort zu warten, eine Schale aus dem Kühlschrank, die sie auf einen Teller stürzte.

„Mhm, Karamelpudding", sagte Raul erfreut. „Mein Lieblingsgericht."

Aber Safira ließ sich nicht so schnell ablenken. „Ich finde", meinte sie, „dass wir der Sache selbst auf den Grund gehen sollten. Vielleicht hat Oduvaldo ge-

sehen, wer ins Haus ging. Wir könnten doch ein bisschen Detektiv spielen", schlug sie vor. Doch die Mutter wollte nichts davon wissen.

Nach dem Essen spülte Safira das Geschirr.

„Gute Idee, mit dem Detektivspiel", flüsterte Raul seiner Schwester zu, während er die Teller abtrocknete. Laut sagte er: „Mama, dürfen wir, wenn wir mit dem Abwasch fertig sind, mit den Skateboards auf die Straße runter?"

Die Mutter überlegte einen Augenblick. „In Ordnung", meinte sie. „Ich habe ohnehin Arbeit zu erledigen. Aber vergesst eure Helme und die Knieschoner nicht, und versprecht mir, vorsichtig zu sein."

Wenig später polterten die Geschwister mit den Skateboards unter den Armen die Stufen hinab.

„Oi!", begrüßten sie Oduvaldo, der wie immer auf seinem Stuhl neben dem Eingang saß, und fragten ihn, wer gestern zur Mittagszeit ins Haus gegangen und wieder herausgekommen sei.

Der alte Mann rieb sich nachdenklich das Kinn.

„Das hat mich die Polizei auch schon gefragt. Doch außer Rosa kann ich mich an niemanden erinnern. Muss wohl eingeschlafen sein."

„Das hätten wir uns eigentlich gleich denken können", meinte Raul kurz darauf missmutig, als sie auf ihren Skateboards vor dem Haus auf und ab fuhren. „Oduvaldo schlief ja immer noch, als wir gestern nach Hause kamen. Wie hätte er da den Einbrecher sehen können."

„Wir könnten den Straßenjungen an der Bushaltestelle fragen", schlug Safira vor. „Der steht doch fast immer dort und verkauft seine Erdnüsse. Vielleicht ist dem ja etwas Verdächtiges aufgefallen. Von der Haltestelle bietet sich ein ausgezeichneter Blick auf unseren Hauseingang."

„Gute Idee", stimmte Raul seiner Schwester zu. „Allerdings kann ich ihn heute nirgendwo sehen."

An der Haltestelle standen nur einige Leute, die auf den nächsten Bus warteten.

Safira dachte kurz nach. „Einen Block weiter stehen an der Kreuzung doch immer die Jungs, die Windschutzscheiben putzen, wenn die Ampel auf Rot ist."

„Und?" Raul verstand nicht. „Von dort kann man aber unser Haus auf keinen Fall sehen."

„Nein, das nicht, aber vielleicht wissen sie, wo wir den Jungen mit den Erdnüssen finden können."

„Mama erlaubt uns bestimmt nicht, dorthin zu skaten", wandte Raul ein.

„Ach was", entgegnete seine Schwester. „Die ist in ihre Arbeit vertieft und merkt bestimmt nicht, wenn wir schnell zur Kreuzung fahren." Sie sprang auf ihr Brett und stieß sich mit dem Fuß ab. Raul folgte ihr den Gehsteig entlang, wo er geschickt die Fußgänger in großen Schlaufen umfuhr.

Es war nicht weit bis zur Ampel, wo zwei Jungen gerade die Windschutzscheibe eines Autos mit Wasser und Seife schrubbten. Als die Ampel auf Grün schaltete, streckten sie ihre Hände dem Fahrer entgegen, der ihnen einige Münzen zuwarf.

„Der Junge mit den Erdnüssen?", antwortete der Jüngere von beiden. „Das ist Pedro. Der ist ..."

„Und wieso wollt ihr mit ihm sprechen?", unterbrach ihn der Ältere. Er musterte die Geschwister auf ihren Skateboards misstrauisch.

Safira erklärte kurz, um was es sich handelte.

„Ach so", erwiderte der Junge etwas freundlicher. „Pedro ist sicher am Strand von Leblon. Da kann er am Wochenende ein gutes Geschäft machen. Versucht es in der Nähe des zweiten Kioskes. Meist ist er dort."

„Danke", sagte Safira und blickte auf ihre Armbanduhr. „Das könnten wir gerade noch schaffen, bevor Mama uns vermisst."

„Na, dann los!", rief Raul, sprang mit einem Satz auf sein Brett und fuhr in Richtung Strandpromenade davon.

Wie immer am Samstag war der Strand gerammelt voll. Männer, Frauen und Kinder in Badehosen und Bikinis hatten ihre bunten Handtücher auf dem Sand ausgebreitet oder rekelten sich in den Liegestühlen, die man zusammen mit den Sonnenschirmen mieten konnte. Dazwischen hatte eine Gruppe junger Leute ein Volleyballnetz gespannt. Ein Stück weiter spielten einige Jungen Fußball.

Raul und Safira fuhren mit ihren Brettern auf einem Radweg, der zwischen Straße und Fußweg am Strand entlangführte. Am zweiten Kiosk hielten sie an, um nach dem Jungen Ausschau zu halten.

„Da hätte ich jetzt so richtig Lust drauf", bemerkte Raul und deutete auf den Stapel grüner Kokosnüsse an der Wand des Standes. Ein Mann öffnete gerade geschickt eine Nuss mit einer Machete, steckte einen

Strohhalm ins Loch und reichte sie einem Kunden, der das erfrischende Kokoswasser genussvoll schlürfte.

Safira hörte ihren Bruder nicht. „Wo der Junge wohl steckt", murmelte sie und ließ ihren Blick über die Badegäste schweifen. Sie konnte mehrere fliegende Händler erkennen. Da war ein Mann, der Sonnenhüte verkaufte, die er wie Luftballons an einem Stab befestigt hatte. Ein Stück weiter trug ein Mädchen eine Kühlbox am Arm, aus der sie Eis am Stiel anbot. Ein anderer Junge verkaufte Salzkekse. Gleich daneben hockte ein Mann im Sand, eine Trommel zwischen die Knie geklemmt. Mehrere Zuschauer, die sich im Rhythmus der Musik wiegten, umringten ihn. Doch der Junge mit dem Bauchladen war nirgendwo zu sehen.

Plötzlich hörte Safira zwischen den Trommelschlägen eine bekannte Stimme.

„Erdnüsse, frische geröstete Erdnüsse." Sie drehte

sich auf der Stelle um, und da stand Pedro, der gerade einer Frau im Bikini ein Tütchen reichte.

Die Geschwister stürzten sich sofort auf ihn und durchlöcherten den Jungen mit Fragen. Er lauschte aufmerksam.

„Da war schon etwas Verdächtiges, das mir aufgefallen ist", meinte er nachdenklich. „Im Café neben der Bushaltestelle saß ein Mann, der so tat, als würde er Zeitung lesen. In Wirklichkeit hat er aber gar nicht gelesen, sondern ständig den Hauseingang schräg gegenüber fotografiert."

„Und? Hast du gesehen, wer aus dem Haus rausgekommen ist?"

„Nein", der Junge schüttelte den Kopf. „Nur, wie ihr beide ins Haus reingegangen seid."

„Oh", seufzte Safira enttäuscht.

„Aber da ist noch etwas, was euch interessieren könnte", fuhr der Junge fort. „Gestern Abend ist mir der Mann schon wieder über den Weg gelaufen. Man kann ihn leicht wiedererkennen, denn er trägt lange, schwarze Haare, die im Nacken zusammengebunden sind, und um den Hals ein Lederbändchen mit bunten Perlen."

„Und?" Raul konnte es kaum erwarten.

„Er kam mit Gepäck aus einem der Hotels hier auf der Promenade und stieg in ein Taxi. Ich hörte noch, wie er dem Taxifahrer sagte, dass es einen viel schnelleren Weg gäbe."

„Wohin wollte er denn?", fragte Safira. „Kannst du dich noch erinnern?"

„Natürlich, an jedes Wort. Der Taxifahrer sollte in Leblon die Straße am Kanal entlang zur Lagune hochfahren, dann um die Lagune herum und durch den Tunnel unter der Christusstatue hindurch. Danach sollte er immer geradeaus bis zur Avenida Presidente Vargas fahren, dort rechts abbiegen, weiter bis zur Küste, nochmals rechts, ein Stück die Küste entlang und dann wären sie auch schon da. Der Taxifahrer hat nur gestöhnt und gemeint, dass er sich in Rio auskenne. Dann sind sie abgedüst."

Während der Junge Bericht erstattete, zog Raul einen alten, zerknitterten Stadtplan aus seiner Hosentasche. Er betrachtete ihn aufmerksam. „Ich weiß, wo der Mann hinwollte", murmelte er. „Der ist sicher längst über alle Berge."

Wohin wollte der Mann?

Winterferien im Regenwald

„Ihr seid ohne meine Erlaubnis zum Strand", schimpfte die Mutter, als ihr Safira und Raul erst am Montag beim Frühstück von ihren Nachforschungen berichteten. „Was denkt ihr euch eigentlich? Ich habe euch erlaubt, vor dem Haus Skateboard zu fahren. Vom Strand war nicht die Rede. Als hätte ich nicht schon genug Sorgen." Sie zog an ihrer Zigarette und trank einen Schluck Kaffee.

Die beiden Geschwister blickten schuldbewusst auf ihre Teller.

„Wie kann ich euch jetzt noch guten Gewissens alleine zu Papa fliegen lassen?", fuhr die Mutter fort. „Ich dachte, ich könnte euch vertrauen."

„Alleine?" Safira blickte erstaunt von ihrem Obstsalat auf. „Aber du kommst doch mit!"

„Das dachte ich auch – bis gestern Abend, als mich mein Chef anrief. Er will einen Dokumentarfilm über die Vila Cruzeiro Favela machen. Und da er auf die Schnelle keine andere Regieassistentin auftreiben kann, bleibt mir nichts anderes übrig, als in Rio zu bleiben."

„Vila Cruzeiro?", murmelte Raul erschrocken. „Ist das nicht die Favela, in der vor ein paar Jahren ein Fernsehjournalist ermordet wurde?"

„Stimmt", erwiderte die Mutter, während sie nervös die Asche von ihrer Zigarette abstreifte. „Aber deswegen braucht ihr euch keine Sorgen zu machen. Wir haben Polizeischutz."

„Und wir sollen wirklich alleine, ohne dich, nach Esperança fahren?" Safira war sich nicht sicher, ob sie sich nicht doch verhört hatte.

„Ich habe schon mit Papa telefoniert", erwiderte die Mutter. „Er meint, es sei kein Problem, und ihr würdet das schon schaffen."

Sie blickte auf die Küchenuhr. „Viertel nach sechs. Jetzt ist es aber höchste Zeit, dass ihr euch auf den Weg macht. Sonst versäumt ihr noch den Bus und kommt zu spät zur Schule."

Safira und Raul schulterten ihre Rucksäcke und gaben der Mutter einen Kuss. „Tcháu, Mama."

„Und keine Detektivspiele nach der Schule", erinnerte sie die Mutter. „Ehrenwort?"

„Ehrenwort, Mama." Dann eilten die Geschwister die Treppen hinab, hinaus ins morgendliche Rio, wo im Osten, hinter den Hügeln ein schmaler goldener Streifen den neuen Tag ankündigte.

Am Nachmittag des folgenden Tages saß Safira mit angezogenen Knien auf dem Sofa im Wohnzimmer und versuchte, sich auf ihr Geschichtsbuch zu konzentrieren. Sie sollte für die letzte Geschichtsstunde vor den Ferien die wichtigsten Daten aus Rios Geschichte auswendig lernen.

Ihr Bruder lag auf dem Teppich, den Kopf auf den linken Arm gestützt, ein aufgeschlagenes Schulbuch und Arbeitsheft vor sich. Im Fernsehen lief in voller

Lautstärke ein Zeichentrickfilm, und Raul lachte hin und wieder laut auf. Zwischendurch löste er Rechenaufgaben. Plötzlich klingelte es an der Wohnungstür.

„Besuch um diese Zeit?" Raul schaute erstaunt von seinem Schulheft auf. „Was, wenn das wieder der Einbrecher ist? Vermutlich läutet er nur, um herauszufinden, ob jemand zu Hause ist."

„Quatsch", wies ihn seine Schwester zurecht. „Der ist zusammen mit seinem Komplizen aus dem Café von gegenüber längst aus Rio verschwunden. Deswegen hat es der Mann, den der Straßenjunge in ein Taxi steigen sah, doch so eilig gehabt. Er wollte schnell zum Flughafen, um sich dort mit dem Karteikartendieb zu treffen und noch rechtzeitig einen Flug nach Wer-weiß-wohin zu erwischen."

Sie hörten, wie Rosa die Tür öffnete und mit einem Mann im Treppenhaus sprach.

„Schnell, schalte den Fernseher aus", befahl Safira ihrem Bruder. „Damit wir verstehen können, um was es geht." Sie schlich zur Wohnzimmertür und lauschte angestrengt.

„Selbstverständlich", ertönte Rosas Stimme vom Flur. „Am besten ist es wohl, wenn ich ihn den Kindern mitgebe, denn Dona Bea fährt jetzt doch nicht mit nach Roraima."

Der Mann sagte wieder etwas, doch er sprach so leise, dass man außer einem tiefen Brummen nichts verstehen konnte.

„Natürlich werde ich das ausrichten", versicherte die Haushälterin.

Der Mann bedankte sich, und einen Augenblick später betrat Rosa mit einem kleinen, braunen Umschlag in der Hand das Wohnzimmer.

„Senhor Mendoça, der nette Kollege eures Vaters, hat diesen Brief für ihn abgeliefert. Er hat gefragt, ob ihr ihn mit nach Esperança nehmen könnt – das ginge schneller als mit der Post. Er hat wohl Schwierigkeiten gehabt, Senhor Luís telefonisch zu erreichen. Es scheint, als ob es äußerst wichtig sei, dass diese Informationen so schnell wie möglich zu eurem Vater gelangen." Sie reichte Safira den Umschlag.

„Danke, Rosa", erwiderte das Mädchen und musterte den Brief neugierig.

„An Senhor Luís Castro da Silva, Privat", las sie laut vor. „Forschungsstation, Esperança, Roraima. Absender: Fabrîcio Alves Mendoça, Jardim Botânico, Rio de Janeiro. Was da wohl so Wichtiges drinsteht?"

„Ach, sicher nur berufliche Dinge", meinte Raul.

Safira strich nachdenklich mit einem Finger über den Umschlag. „Senhor Mendoça könnte sich bestimmt vorstellen, wieso man Papas Karteikarten gestohlen hat. Wir sollten ihn fragen. Oder ..." Sie hielt einen Augenblick inne. „Wir könnten den Brief öffnen ..."

„Auf keinen Fall", unterbrach sie Raul. „Der ist für Papa, und nächste Woche können wir ihn sowieso selbst fragen."

„Na gut." Widerwillig gab Safira nach. Sie legte

den Umschlag auf den Wohnzimmertisch. Plötzlich funkelten ihre Augen aufgeregt. „Ich habe noch eine bessere Idee", verkündete sie. „Mama hat gesagt, dass Papa sich heute Abend bei uns melden will, um uns zu erklären, wie wir von Boa Vista nach Esperança kommen. Da kann er uns gleich sagen, was das mit den Karteikarten auf sich hat." Sie blickte auf ihre Armbanduhr.

„Ach du meine Güte", rief sie aus. „Ist es schon so spät? Jetzt hätten wir fast die neue Fernsehserie versäumt." Sie schaltete den Fernseher wieder an und machte es sich auf dem Sofa bequem. „Ich muss doch unbedingt erfahren, ob Giovana den Sturm überlebt und ob ihr Leandro endlich einen Heiratsantrag macht."

„Du und deine Telenovelas", stöhnte Raul. „Da mach ich doch lieber Hausaufgaben." Und er fuhr fort, die Matheaufgaben zu lösen.

Erst später, als Rosa bereits nach Hause gegangen war und Mama unter der Dusche stand, bemerkte Safira, dass das grüne Lämpchen des Anrufbeantworters blinkte.

„Telefon?", meinte sie erstaunt. „Ich habe nicht gehört, dass es geläutet hat."

„Kein Wunder, wenn du den Fernseher auf volle

Lautstärke laufen lässt", erwiderte ihr Bruder ungehalten.

Safira zuckte wortlos mit den Schultern und drückte auf die Wiedergabetaste. Das Band spulte zurück und spielte die Nachricht ab.

„So ein Mist", fluchte sie kurz darauf. „Wir haben Papas Anruf verpasst. Verstehst du, was er sagt?"

„Nein", Raul schüttelte den Kopf. „Der Empfang ist unglaublich schlecht. Spul das Band noch einmal zurück. Vielleicht verstehen wir beim zweiten Mal mehr."

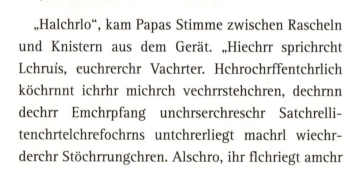

„Halchrlo", kam Papas Stimme zwischen Rascheln und Knistern aus dem Gerät. „Hiechrr sprichrcht Lchruís, euchrerchr Vachrter. Hchrochrffentchrlich köchrnnt ichrr michrch vechrrstehchren, dechrnn dechrr Emchrpfang unchrserchreschr Satchrellitenchrtelchrefochrns untchrerliegt machrl wiechrderchr Stöchrrungchren. Alschro, ihr flchriegt amchr

Samchrstag vochrn Richro bichrs nachrch Bochra Vichrsta. Dochrrt wird euchrch Felichrpe abchrholen. Er ischrt eichrn Pilchrot, dechrr unschr inchr dechrr Siedchrlung regelchrmäßigchr mit Prochrviant undchr Benchrzin verchrsorgt. Eschr istchr nurchr einchr kurchrzer Flugchr inchr chrdenchr Regchrenwachrld, undchr erchr wirdchr euchrch inchr Eschrerança abchrsetzenchr. Ichchr werchrde dort beichr derchr Lanchrdepichrste aufchr euchrer wartchren. Guchrten Fluchrgchr!" Dann piepste es, und das Lämpchen erlosch.

„Hast du diesmal mehr verstanden?" Raul blickte ratlos auf das Telefon.

„Nur ein paar Wortfetzen", meinte Safira und drückte nochmals auf die Wiedergabetaste.

„Na endlich", verkündete sie nach dem dritten Versuch. „Langsam werde ich aus dem Kauderwelsch klug. Ich weiß, was Papa aufs Band gesprochen hat."

„Ich auch", erwiderte ihr Bruder. „Nur schade, dass er die Karteikarten nicht erwähnt."

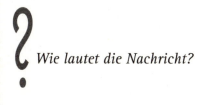

Wie lautet die Nachricht?

Die Siedlung am Fluss

Eine Woche später saßen Raul und Safira in der kleinen, einmotorigen Propellermaschine, mit der sie Felipe, der Pilot, in Boa Vista abgeholt hatte. Unter ihnen erstreckte sich der Regenwald wie ein riesiger, grüner Ozean, aus dem hin und wieder mächtige Baumkronen hervorragten. Dazwischen glitzerten silbrig glänzende Flüsse, die sich zwischen den Urwaldriesen schlängelten. Der Anblick war atemberaubend.

„An der nächsten Flussbiegung liegt Esperança", kündigte Felipe an. „Und dort ist auch schon unsere Landepiste."

Raul blickte durchs Fenster. Gleich neben dem Fluss lag mitten im Urwald eine Lichtung, auf der mehrere Hütten standen. Doch ein Flughafen mit Landebahn war nirgendwo zu sehen.

Die Maschine verlor immer mehr an Höhe. Und dann konnten die Geschwister die Landepiste plötzlich erkennen: ein kleiner, schmaler Streifen gerodeten Waldes, der auf beiden Seiten durch eine Art Zaun abgegrenzt war. Der Pilot peilte die Piste an und lenkte das Flugzeug steil nach unten. Mit lautem Knattern setzte die Maschine auf dem holprigen Boden auf und rollte noch ein Stück weiter, bis sie endgültig mit einem Ruck zum Stehen kam.

„Willkommen in Esperança", grinste Felipe und öffnete die Tür.

Den Geschwistern schlug feuchtheiße Luft entgegen. Erwartungsvoll blickten sie sich nach ihrem Vater um, doch außer einer baufälligen Hütte neben der Landebahn und der Siedlung in Richtung Fluss war nichts zu sehen. Nur ein älterer Mann mit Schnurrbart kam auf das Flugzeug zu, begrüßte Felipe und machte sich daran, Benzinkanister, Holzkisten und Ballen auszuladen. Eine Gruppe Caboclo-Jungen nä-

herte sich und musterte die Geschwister neugierig. Vom Vater war keine Spur.

„Wo bleibt er denn?", wunderte sich Safira. „Normalerweise ist er doch immer pünktlich." Sie setzte sich auf ihre Reisetasche, zog eine Wasserflasche aus dem Rucksack und trank einen großen Schluck.

Felipes Fracht war bald ausgeladen und in der Hütte, die als Lagerhalle diente, verstaut. Jetzt musste er sich sputen, um noch vor Einbruch der Dunkelheit zurück nach Boa Vista zu kommen.

„Senhor Luís wird sicher jeden Augenblick auftauchen", tröstete er die Kinder beim Abschiednehmen. Dann stieg er in sein Flugzeug, startete die Propeller, drehte die Maschine und winkte den Geschwistern vom Cockpit aus kurz zu. Das Flugzeug rollte die Landepiste entlang, hob sich in die Luft und verschwand in östlicher Richtung. Bald konnte man nur noch ein leises Brummen wahrnehmen, das schließlich ganz in der Ferne verklang.

Sobald Felipe abgeflogen war, trat der älteste der Caboclo-Jungen auf die Geschwister zu.

„Olá", begrüßte er sie. „Ich bin Tepi, und das ist Kiko, mein bester Freund." Er deutete grinsend auf ein Kapuzineräffchen, das auf seiner Schulter saß.

Raul stellte sich und Safira vor und erklärte, dass ihr Vater sie hier abholen wollte.

„Senhor Luís von der Forschungsstation? Den kenne ich", erwiderte der Junge, während das Äffchen Grimassen schnitt und sich unter der Achsel kratzte. „Allerdings habe ich ihn schon länger nicht mehr in Esperança gesehen. Weiß er denn, dass ihr heute ankommt?"

„Natürlich", antwortete Safira. „Wir fahren doch nicht einfach in den Urwald, ohne dass er davon weiß."

„Na, dann würde ich mir erst mal keine Sorgen machen", beruhigte sie Tepi. „Er wird sicher bald auftauchen."

„Wollt ihr mitspielen?", fragte ein anderer Junge und kickte Raul einen Fußball zu.

Kurz darauf stürmte Raul mit den Caboclo-Jungen auf der Landepiste hinter dem Ball her. Safira hatte zum Fußballspielen keine Lust. Sie blieb auf ihrer Reisetasche sitzen, während sie den Pfad, der zur

Siedlung und zum Fluss hinabführte, nicht aus den Augen ließ. Wo war Papa? Im Regenwald lauerten alle möglichen Gefahren. Da gab es Schlangen und Riesenspinnen ... Was, wenn ihn eine giftige Schlange gebissen hatte? Was, wenn er nicht eintraf, bevor es dunkel wurde? Besorgt betrachtete sie den Himmel, an dem sich dicke Regenwolken zusammengeballt hatten. Ein ferner Donner grollte. Wenig später zuckten grellgelbe Blitze über den Baumwipfeln am Rande der Piste, und erste schwere Tropfen landeten auf der staubigen, roten Erde.

„Schnell!", rief Tepi. „Ihr könnt bei mir zu Hause auf euren Vater warten." Er rannte den Pfad zur Siedlung hinab, auf dem sich schon Pfützen bildeten. Safira und Raul packten ihre Rucksäcke und Taschen und eilten dem Jungen hinterher.

Triefend vor Nässe, betraten sie eine Hütte, die auf einer kleinen Anhöhe oberhalb des Flusses errichtet war. Im Halbdunkel konnte man Regale erkennen.

„Das ist der Laden meines Vaters", erklärte der Junge stolz. „Der einzige kilometerweit. Kaffee, Milchpulver, Reis, Kekse, Öl, Kerzen, Petroleumlampen, Seile, Seife, Kaugummi ... Hier gibt es alles, was euer Herz begehrt." Er führte die Geschwister in den Nebenraum, der gleichzeitig als Küche, Wohnzimmer und Schlafzimmer diente. Drei kleine Jungen und ein Mädchen begannen, den Besuch sofort aufgeregt zu umtanzen. Am Herd stand eine Frau, die ein Baby auf der Hüfte trug und in einem Topf rührte.

„Meine Mutter und meine Geschwister", stellte Tepi seine Familie vor. „Mein Vater ist unterwegs. Er reist oft durch die Gegend, um die umliegenden Siedlungen mit Waren zu beliefern."

„Und ihr seid sicher Senhor Luís' Kinder", begrüß-

te Tepis Mutter Raul und Safira lächelnd. „Er hat mir erzählt, dass er euch erwartet."

„Er war nicht am Flughafen", klärte Safira sie auf.

„Bei diesem Unwetter wird er es heute wohl kaum mehr schaffen", meinte die Frau. „Am besten, ihr übernachtet bei uns. Wir haben genug Platz." Sie deutete in die Ecke des Raumes, wo zwischen den Balken mehrere Hängematten gespannt waren. „Sollst du nicht morgen für Papa eine Lieferung nach Tokori bringen, Tepi?"

Tepi nickte.

„Na, dann musst du sowieso an der Forschungsstation vorbei. Da kannst du die beiden einfach bei Senhor Luís abliefern." Sie nahm den Topf vom Herd und stellte ihn auf den Tisch. „Mögt ihr Maniok und Fisch?", fragte sie Safira und Raul. „Nach eurer langen Reise seid ihr bestimmt völlig ausgehungert."

Kurz nach Morgengrauen stieß Tepi den hölzernen Einbaum vom Ufer ab, kippte den Außenbordmotor ins Wasser und zog am Anlasser. Wenig später tuckerte das kleine Boot mit den drei Kindern und Kiko, dem Äffchen, flussaufwärts. Sobald sie Esperança verlassen hatten, drängte sich auf beiden Seiten der undurchdringliche Regenwald dicht ans

Wasser. Schweigend fuhren sie den Fluss entlang, bis sie nach einer Weile zu einer Stelle kamen, an der er sich in mehrere Arme verzweigte. Tepi stellte den Motor ab.

„Ich bin mir nicht mehr sicher, welcher der Flüsse zur Forschungsstation führt", gab er verlegen zu.

„Na super", meinte Raul. „Ich denke, du kennst dich hier aus."

„Ja schon, doch an dieser Stelle habe ich immer Schwierigkeiten."

„Hervorragend!" Raul warf missmutig ein Holzstückchen ins Wasser. „Drei Kinder und ein Affe im Urwald verschollen. Ich kann mir die Schlagzeilen schon vorstellen."

„Reg dich doch nicht gleich so auf", beruhigte ihn Safira, während sie die Flusslandschaft kritisch musterte. „Der Fluss mit den Stromschnellen wird wohl kaum der richtige sein."

„Stimmt", verkündete der Caboclo-Junge und faltete gelassen eine gezeichnete Karte auseinander. „Außerdem ist es sowieso kein Problem. Meint ihr, mein Vater würde mich in den Urwald schicken, wenn ich mir in einer solchen Situation nicht zu helfen wüsste? Wir müssen nur herausfinden, wo wir gerade sind." Er begann, die Karte zu studieren.

„Ach ja?" Raul war immer noch nicht überzeugt. „Und wie sollen wir das anstellen?"

„Das ist gar nicht so schwer", erklärte Tepi. „Esperança liegt hier."

„Und wer sagt, dass es auch wirklich Esperança ist?", unterbrach ihn Raul, immer noch skeptisch. „Da sind nämlich noch eine Reihe anderer Siedlungen eingezeichnet."

„Es gibt nur eine Möglichkeit", murmelte Tepi, während er die Karte systematisch mit der Flusslandschaft verglich. „Wir müssen diesen Fluss entlang. Da bin ich mir ganz sicher."

Auf welchem Fluss müssen sie weiterfahren?

Graf Dracula

„Eigentlich müsste uns Papa auf dem Weg zur Forschungsstation begegnen", überlegte Safira, als Tepi den Motor des Bootes anließ, um weiterzufahren. „Er weiß ja nicht, dass wir bereits zu ihm unterwegs sind."

Das Geräusch des Motors scheuchte einen Schwarm farbenprächtiger Papageien auf, die kreischend dicht über dem Wasser hinwegflogen und dann in den Baumwipfeln am anderen Ufer verschwanden. Das Boot tuckerte stetig weiter flussaufwärts, während auf beiden Seiten Bäume vorüberglitten. Doch von Senhor Luís gab es keine Spur.

Etwa eine Stunde später erreichten sie den Landeplatz der Forschungsstation. Tepi lenkte auf eine flache, sandige Stelle zu, und die Geschwister halfen ihm, das Boot ans trockene Land zu ziehen. Dann schulterten sie ihr Gepäck und folgten dem Jungen einen steilen Pfad entlang, der zu einer Lichtung führte.

„Die Forschungsstation." Tepi deutete auf eine mit Wellblech gedeckte Hütte.

Eilig sprangen die Geschwister die Stufen zur Veranda hoch, warfen ihre Reisetaschen achtlos in

eine Ecke und traten, ohne anzuklopfen, durch die Fliegentür.

„Papa", riefen sie einstimmig. Doch Senhor Luís war nirgends zu sehen. Außer einem Schreibtisch, auf dem ein Satellitentelefon stand, ein paar Stühlen, einem Regal mit zahlreichen beschrifteten Gläsern und Plastikbehältern war der Raum leer. In diesem Augenblick drang aus dem Nebenraum ein leises Geräusch.

„Papa?", wunderte sich Safira und spähte durch die offene Tür. Raul packte sie an der Schulter und hielt sie zurück.

„Das ist nicht Papa", meinte er entschlossen. „Das klingt eher wie ein Tier."

„Unsinn", lachte sie. „Da schnarcht jemand." Sie betrat mutig den Raum, zwischen dessen Dachbalken mehrere Hängematten gespannt waren. Erst als sie sich ans Halbdunkel gewöhnt hatte, konnte sie in einer der Matten einen dunklen Schatten ausmachen. Langsam richtete sich die Gestalt auf. Es war ein blasser Mann mit schütteren blonden Haaren und Bartstoppeln, der das Mädchen mit kurzsichtigen Augen musterte.

„Meine Brille", murmelte er, tastete nach dem Gestell und setzte es sich auf die Nase.

„Wer bist denn du?", fragte er Safira mit einem ausländischen Akzent.

„Ich bin Safira Oliveiro da Silva", verkündete sie. „Und wer sind Sie?"

„Professor Colin Mortimer", stellte er sich vor.

„Fledermausexperte aus Oxford in England. Ich arbeite hier auf der Forschungsstation."

„Aha", erwiderte das Mädchen. „Und wo ist Senhor da Silva, mein Vater?"

„Luís, der Botaniker?", murmelte der Mann, während er verschlafen zu Raul und Tepi blickte, die im Türrahmen standen. „Seltsam, schon vor ein paar Tagen war hier ein Mann, der sich nach ihm erkundigt hat. Ich habe ihn nach Tokori, ins Indianerdorf geschickt. Denn wenn Luís nicht gerade im Wald nach Pflanzen sucht, dann findet man ihn im Dorf. Die Yanomami helfen ihm beim Katalogisieren seiner Pflanzen."

„Können wir hier auf unseren Vater warten?", erkundigte sich Raul.

„Vorausgesetzt ihr lasst mich in Ruhe", gähnte der Forscher. Dann blickte er auf seine Armbanduhr. „Du meine Güte, ist das die Uhrzeit?"

„Ja", bestätigte Raul. „12 Uhr mittags."

„Ich muss unbedingt noch ein paar Stunden schlafen." Er drehte sich auf die Seite und fuhr fort zu schnarchen.

„Schlafen um diese Tageszeit", flüsterte Safira, als sie wieder auf die Veranda traten und es sich auf den Stühlen bequem machten. „Das ist doch nicht normal." Plötzlich begannen ihre Gedanken zu rasen. „Hat er tatsächlich gesagt, dass er Fledermausexperte sei?", fragte sie die beiden Jungen.

Tepi nickte. „Soviel ich weiß, hat er sich auf Vampirfledermäuse spezialisiert."

„Vampirfledermäuse? Na, das erklärt doch alles. Colin Mortimer ist ein Vampir. Deswegen muss er auch tagsüber schlafen."

Die beiden Jungen schauten Safira mit weit aufgerissenen Augen an.

„Das kannst du doch nicht wirklich glauben", meinte Tepi.

„Und ob." Safira versuchte, ernst zu bleiben. „Der Professor wurde bestimmt bei seiner Arbeit von einer Blut saugenden Fledermaus gebissen und hat sich anschließend in einen Vampir verwandelt."

„So ein Quatsch", warf Raul ein und tippte sich an die Stirn. „Vampire gibt es doch gar nicht."

Safira lachte. „Wenn Papa bis heute Abend nicht hier auf der Forschungsstation eintrifft, sollten wir Graf Dracula trotzdem mal genauer unter die Lupe nehmen. Vielleicht hält er Papa irgendwo im Dschungel versteckt."

„Graf Dracula", kicherte Raul. „Das ist ein gelungener Spitzname. Aber wieso sollte er Papa versteckt halten? Ich glaube eher, dass sich unser Vater im Datum geirrt hat und gar nicht weiß, dass wir schon längst angekommen sind. Er sitzt sicher ahnungslos im Yanomami-Dorf und katalogisiert Pflanzen." Er wandte sich an den Caboclo-Jungen. „Tepi, du musst doch morgen sowieso weiter nach Tokori, um dort die Waren für deinen Vater abzuliefern. Könnten wir dich nicht begleiten?"

„Natürlich", erwiderte Tepi. „Wir brechen bei Morgengrauen auf. Aber jetzt brauche ich erst mal was zu essen." Er öffnete sein Bündel und zog mehrere Bananen und Kekse hervor, um sie mit seinen Freunden zu teilen.

„Gute Idee", gab Safira zu. „Und unserem Graf Dracula können wir heute Nacht ja trotzdem nachspionieren. Man kann nie wissen."

Kurz nach sechs, als die Sonne untergegangen war, war Senhor Luís immer noch nicht aufgetaucht. Colin Mortimer, der inzwischen aufgestanden war, hatte auf der Veranda eine Petroleumlampe angezündet. Fette Motten umschwirrten das Licht und warfen gespenstische Schatten auf die Wand der Hütte. Wenig später verabschiedete er sich von den Kindern und verschwand mit mehreren Geräten und einer Taschenlampe im Wald.

„Schnell, ihm nach", flüsterte Safira, der es doch gelungen war, die Jungen von ihrem Plan zu überzeugen. In sicherem Abstand folgten sie dem Lichtstrahl von Graf Draculas Taschenlampe. Nach einer Weile blieb der Professor stehen. Er stellte seine Geräte am Boden ab, hantierte daran herum und setzte einen Kopfhörer auf. Dann erlosch das Licht. Es war stockfinster, bis auf die Glühwürmchen, die wie kleine grüne Lichter in der Dunkelheit aufflackerten.

„Ich würde gerne wissen, was der Mann vorhat", sagte Safira leise.

„Ich auch", ließ sich Raul vernehmen. „Allerdings ist es viel zu dunkel, um etwas zu erkennen, und hören kann man bei diesem Lärm sowieso nichts." Frösche quakten um die Wette, Grillen zirpten, Äste knarzten, und immer wieder wurden die nächtlichen Urwaldgeräusche vom lauten Heulen der Brüllaffen übertönt.

Dann geschah alles ganz schnell. Ein fast lautloses Zischen, Schwirren und Flattern umschwärmte die Kinder. Kiko und Safira kreischten um die Wette, und Raul schlug wie wild mit den Händen um sich. Nur Tepi blieb gelassen.

„Das sind Fledermäuse", beruhigte er die anderen. „Die tun uns nichts."

Noch während die Aufregung anhielt, wurde eine Taschenlampe angeknipst. Der Lichtkegel wanderte über die Baumstämme, bis er auf den Kindern ruhen blieb.

„Was habt ihr mitten in der Nacht im Urwald zu suchen?" Graf Dracula schüttelte fassungslos den Kopf. „Wisst ihr nicht, dass es hier nachts äußerst gefährlich ist?"

„Und wieso sind Sie unterwegs?", fragte Safira leise.

„Ist das nicht offensichtlich?", wunderte sich Colin Mortimer. „Ich beobachte Fledermäuse. Ich will alles über ihr Verhalten herausfinden: Was sie fressen, wie sie sich orientieren und wie sie miteinander kommunizieren. Und Fledermäuse schlafen nun mal tagsüber."

Kleinlaut machten sich die Kinder mit einer Reservelampe, die ihnen der Professor geliehen hatte, auf den Heimweg zur Hütte. Als sie fast schon zurück bei der Forschungsstation waren, ließ ihnen ein Furcht erregendes, heiseres Ächzen die Haare zu Berge stehen.

„Was war denn das?", flüsterte Safira unruhig.

Kiko begann, verstört auf Tepis Schulter auf und ab zu hüpfen, während er ängstlich schnatterte. Der Caboclo-Junge blieb stehen und ließ den Strahl der Taschenlampe über den dichten Urwald gleiten.

„Halt", befahl er mit ernster Stimme. „Geht keinen Schritt weiter."

? *Was hat Tepi entdeckt?*

Durch den Urwald

„Und wenn uns wieder ein Jaguar begegnet?" Das nächtliche Rendezvous im Urwald ließ Safira auch am nächsten Morgen noch einen kalten Schauer über den Rücken rieseln.

„Jaguare gehen nachts auf Nahrungssuche", beruhigte sie Tepi. „Da brauchst du dir keine Sorgen zu machen." Dann grinste er. „Anakondas dagegen lauern auch tagsüber ihrer Beute auf. Sie packen sie, erwürgen sie und verschlingen sie in einem Stück."

Safira schauderte.

„Aber sie halten sich gewöhnlich in Ufernähe im Wasser auf, und wir laufen ja mitten durch den Wald", fuhr Tepi fort. „Da gibt es hauptsächlich Giftschlangen ..."

„Danke für deine detaillierten Ausführungen", unterbrach ihn das Mädchen. „So genau will ich das gar nicht wissen."

Raul wechselte das Thema. „Ich würde vorschlagen, dass wir die schweren Reisetaschen hier lassen und nur das Nötigste in die kleinen Rucksäcke packen, wie zum Beispiel die Schlafsäcke und den Proviant."

„Einverstanden", stimmte seine Schwester zu. „Das

Insektenschutzmittel dürfen wir auf keinen Fall vergessen. Diese kleinen schwarzen Fliegen treiben mich sonst noch in den Wahnsinn."

„Seid ihr endlich fertig?", erkundigte sich Tepi. „Tokori ist einen halben Tagesmarsch entfernt, und wir sollten endlich aufbrechen." Er legte den Trageriemen seines Lastkorbs um die Stirn, setzte Kiko obendrauf und begann loszumarschieren. Raul und Safira folgten dicht hinterher.

Bald stapften sie im Gänsemarsch einen Dschungelpfad entlang, der durch den ständigen Regen an manchen Stellen äußerst glitschig war. Sie gingen an dicken Baumstämmen vorbei, an denen sich Kletterpflanzen rankten, sahen ausladende Farne und bunte Blüten und Pflanzen, deren Blätter so groß wie Regenschirme waren.

„Diese dummen Wurzeln", schimpfte Safira, während sie versuchte, sich auf den Weg zu konzentrieren. „Jetzt wäre ich schon wieder beinahe gestolpert." Sie blieb stehen. „Guckt euch das mal an!"

Ihr Bruder und Tepi drehten sich um. Auf einer Baumwurzel, die den Pfad überspannte, krabbelte ein endloser Zug von Ameisen, die alle über ihren Köpfen Blattstückchen trugen, die größer als die Tiere selbst waren.

„Das sind Saubas", erklärte der Caboclo-Junge. „Wenn man sie über dem Feuer räuchert, schmecken sie äußerst lecker."

Es begann zu regnen, doch die Kinder marschierten unermüdlich weiter.

„Habt ihr auch das Gefühl, als ob uns jemand beobachtet?", fragte Raul die anderen beiden nach einer Weile.

„Ja", stimmte ihm seine Schwester leise zu. „Schon die ganze Zeit."

„Die Yanomami glauben an alle möglichen Geister, die im Wald umherirren", meinte Tepi ernst. „Vielleicht handelt es sich um Poreana. Das sind Totengeister, die den Weg ins Jenseits nicht gefunden haben. Die sollen besonders für Kinder gefährlich sein."

Raul fröstelte, während er schweigend weiterschritt. Er war sich fast sicher, zwischen den Baumstämmen Geister gesehen zu haben.

Kurz darauf traten tatsächlich mehrere Gestalten aus dem Dickicht. Bis auf rote Lendenschurze waren sie nackt. Ihre Oberarme waren mit Büscheln von Papageienfedern geschmückt und ihre Gesichter mit roten Linien bemalt. Über die Schultern hatte jeder einen Köcher mit Pfeilen geschlungen, und in der Hand hielten sie große Bogen.

Safira griff unwillkürlich nach der Hand ihres Bruders. Tepi dagegen schien sich vor den Geistern nicht zu fürchten. Er begrüßte sie freundlich in einer fremden Sprache und begann, sich angeregt mit ihnen zu unterhalten, während er heftig mit den Händen gestikulierte.

„Das sind Yanomami aus Tokori", erklärte er den Geschwistern schließlich. „Ich habe sie gefragt, ob sich Senhor Luís in ihrem Dorf aufhält. Doch sie wissen es nicht. Sie sind selbst mehrere Tage nicht mehr dort gewesen, da sie unterwegs auf der Jagd waren."

Erst jetzt bemerkten Raul und Safira, dass die Männer ihre Jagdbeute über die Schultern geschlungen hatten. Neben den Köchern baumelten mehrere Baumhühner, ein kleiner Pekaris und eine Reihe Affen, die Kiko aus sicherer Entfernung skeptisch musterte.

Da die Männer auf dem Heimweg nach Tokori waren, boten sie den Kindern an, sie den Rest des Weges zu begleiten. Und endlich lichtete sich auch das ewige Halbdunkel des Urwalds. Zwischen den Stämmen schimmerte es hellgrün.

Sie erreichten eine Lichtung, auf der Bananenstauden, Maniok und Ananas angepflanzt waren. Es hatte aufgehört zu regnen, und als sie aus dem schattigen Wald traten, brannte die Sonne erbarmungslos nieder. Dann, nach einer kurzen Wegstrecke lag das Dorf vor ihnen.

„Das sieht ja wie ein Fußballstadion aus", raunte Raul seiner Schwester zu, als sie den großen Rundbau betraten.

Das Gemeinschaftshaus war von einem Palisadenzaun umgeben, der gleichzeitig die Rückwand des Baus bildete. Auf dem Zaun lag ein steiles, mit Palm-

wedeln bedecktes Schutzdach, das über dem zentralen Platz hin offen war.

„Gibt es hier denn keine Wände?", wisperte Safira Tepi zu.

„Nein", erklärte der Junge. „Aber jede Familie hat ihre eigene Feuerstelle und Platz genug, um ihre Hängematten aufzuhängen."

Kaum hatten sie das Shabono betreten, waren sie von Neugierigen umringt. Da gab es Frauen mit Babys in Trageschlingen, die ihre Nasen und Ohrläppchen mit Holzpflöcken geschmückt hatten, Kleinkinder mit rot bemalten Gesichtern, dicht an die Beine ihrer Mütter gedrängt. Selbst die Alten, die kaum mehr gehen konnten, hatten sich aus ihren Hängematten erhoben, um den Besuch zu mustern.

„Herzlich willkommen in Tokori", begrüßte sie eine freundliche Stimme auf Portugiesisch. Der Kreis der Schaulustigen um die drei Kinder öffnete sich, um eine junge Frau einzulassen. Sie trug einen modernen Fransenschnitt, große baumelnde Ohrringe und westliche Kleidung.

„Ihr seid sicher Safira und Raul. Euer Papa hat mir viel von euch erzählt." Sie lächelte. „Ich heiße Carla. Ich bin eine Völkerkundlerin aus São Paulo. Zurzeit bin ich gerade dabei, für eine Doktorarbeit über den Alltag der Yanomami zu recherchieren. Was sie essen, was sie glauben ..." Sie lachte. „Aber das findet ihr sicher langweilig." Sie ließ ihren Blick zum Eingang des Shabono schweifen. „Und wo habt ihr euren Papa gelassen?", fragte sie interessiert.

„Wir sind auf der Suche nach ihm", erklärte Raul. „Wir dachten, er sei hier im Dorf."

Carla blickte ihn erstaunt an. „Hier im Dorf?" Sie

schüttelte den Kopf. „Soviel ich weiß, wollte er euch in Esperança abholen."

„Er ist nie dort aufgetaucht", erklärte Safira mit tränenerstickter Stimme.

„Das ist noch lange kein Anlass, sich Sorgen zu machen", tröstete sie die Frau. „Senhor Luís ist Wissenschaftler. Er braucht nur eine neue Pflanze zu entdecken, und schon hat er alles andere vergessen."

„Stimmt", flüsterte Safira, während sie sich mit dem Handrücken über die Nase wischte. „Wenn er sich mit seinen Pflanzen beschäftigt, vergisst er sogar das Mittagessen."

„Na, habe ich es nicht gleich gesagt", lächelte Dona Carla.

Mit einem Mal wandten sich die Umstehenden von den Kindern ab und blickten zum Eingang des Shabono. Schon wieder betraten Gäste das Dorf, die begrüßt werden mussten: ein älterer Yanomami mit dem üblichen Topfschnitt und der Tonsur am Hinterkopf und ein westlich gekleideter Mann, dessen lange, schwarze Haare zu einem Pferdeschwanz gebunden waren. Um die Schulter des Yanomami baumelte ein Köcher, um den Hals des anderen Mannes eine Kamera sowie ein Lederbändchen, auf das mehrere Perlen gefädelt waren.

„Das ist Moriwe, der Schamane des Dorfes", erklärte die Völkerkundlerin. „Und der andere Mann ist Sandro Fernandez Almeida, ein Journalist aus Brasilia. Er kam schon vor einigen Tagen in Tokori an. Er wollte eine Fotoreportage über die Arbeit eures Vaters machen. Seltsam – er hat ebenso wie ihr gedacht, dass Senhor Luís hier im Dorf sei." Sie ging auf die beiden Neuankömmlinge zu und begrüßte sie herzlich. Währenddessen zupfte Safira ihren Bruder aufgeregt am Ärmel.

Was hat Safira bemerkt?

Bei den Yanomami

„Woher willst du denn wissen, dass es sich um den gleichen Mann handelt, der mit seinem Komplizen Papas Karteikarten gestohlen hat?", wandte Raul ein, als sich endlich die Gelegenheit ergab, alleine miteinander zu sprechen. „In Brasilien gibt es sicher nicht nur einen Mann mit langen Haaren, der eine Halskette trägt."

„Vielleicht brauchte Senhor Almeida die Karteikarten für seinen Artikel", schlug Tepi vor, den die Geschwister eingeweiht hatten.

„Unsinn", widersprach Raul. „Dazu müsste er sie doch nicht stehlen. Papa würde ihm sicher alles erklären, was er wissen will. Es sei denn ...", er hielt einen Augenblick inne, bevor er aufgeregt weitersprach. „Es sei denn, auf den Karteikarten stehen geheime Informationen, die nicht für die Öffentlichkeit bestimmt sind."

„Wenn ihr mich fragt", meinte Tepi, „dann ist das Verschwinden eures Vaters kein Zufall. Es hängt direkt mit den gestohlenen Karteikarten und dem Journalisten zusammen."

„Das habe ich mir auch schon gedacht." Safiras

Stimme begann zu zittern. „Ich glaube, es ist an der Zeit, dass wir einen Erwachsenen einweihen."

„Und wen?", wollte ihr Bruder wissen.

„Dona Carla", schlug sie ohne Zögern vor. „Die ist nett und weiß sicher, was wir tun sollen."

Sie durchquerten das Shabono. Carla hockte auf dem Boden, ihr Notizbuch, in das sie gerade Eintragungen machte, lag auf ihren Knien. Sie blickte auf und lächelte freundlich. Als Safira und Raul ihr von ihren Befürchtungen berichteten, lauschte sie aufmerksam. Für einen kurzen Augenblick wurde ihr Gesicht ernst, doch dann lächelte sie schon wieder.

„Ihr täuscht euch sicher", meinte sie bestimmt. „Senhor Almeida ist ein harmloser Journalist, der einen Artikel über euren Vater schreiben will. Euer Vater ist Biologe. Das ist zwar eine interessante Arbeit, doch so geheimnisvoll ist das nun auch wieder nicht."

„Aber wieso hat uns Papa dann nicht abgeholt?" Safira war den Tränen nahe. „Vielleicht ist ihm doch was passiert."

„Was soll ihm denn passiert sein? Er kennt sich im Wald aus. Irgendwann wird es ihm sicher wieder einfallen, dass er zum Flughafen wollte, um euch abzuholen."

„Und die Karteikarten?"

„Die haben damit sicher nichts zu tun. An eurer Stelle würde ich zurück nach Esperança gehen. Vermutlich ist euer Vater inzwischen dort angekommen und wundert sich, wo ihr abgeblieben seid."

Raul wollte sich mit dieser Erklärung nicht zufrieden geben. Als sie wieder allein waren, schlug er vor, das Gepäck des Journalisten zu durchsuchen.

„Und wie stellst du dir das vor?", fragte Tepi. „In einem Shabono kannst du nichts unbeobachtet machen. Da sieht jeder, was die anderen tun."

„Wir könnten warten, bis es dunkel ist und alle schlafen", überlegte Safira.

„Gute Idee", lobte Tepi sie. „Und jetzt gehen wir schwimmen."

Die Geschwister folgten dem Jungen einen ausgetretenen Pfad entlang. Schon aus der Ferne hörten sie fröhliches Lachen und Plantschen.

„Die Kinder aus Tokori kommen jeden Tag hierher", erklärte er, als der Pfad am Ufer eines kleinen Flusses endete.

„Tepi!", rief eine helle Stimme vom Wasser her. „Was machst du denn hier?"

Ein Yanomami-Junge schwamm aufs Ufer zu. „Ich habe dich ja schon ewig nicht mehr gesehen." Der Junge kletterte aus dem Fluss, um seinen Freund zu begrüßen.

„Das ist Rikomi", stellte Tepi den Jungen vor. „Er ist der Neffe des Schamanen."

„Du kannst aber gut Portugiesisch sprechen", staunte Safira.

„Das habe ich in der Schule gelernt", erklärte Rikomi stolz.

„Schule?" Safira verstand nicht. „Wo gehst du denn zur Schule?"

„Im Shabono", fuhr der Junge fort. „Unser Lehrer ist gerade in Boa Vista, um einen Kurs zu machen. Doch normalerweise haben wir fast jeden Tag ein paar Stunden Unterricht. Ich kann schon recht gut lesen und schreiben." Dann grinste er, packte Tepi und warf ihn ins Wasser.

„Ich würde da nicht reingehen", warnte Safira ihren Bruder. „In den Flüssen hier gibt es Piranhas. Die fallen über dich her und fressen dich so schnell, dass nach wenigen Minuten nur noch ein abgenagtes Gerippe übrig bleibt."

„Unsinn", lachte Raul und folgte Tepi und seinen

Freunden ins Wasser. „Piranhas greifen nur an, wenn man eine offene Wunde hat."

Safira zog es vor, zusammen mit dem wasserscheuen Kiko am sicheren Ufer zu bleiben. Während Rikomi ihrem Bruder beibrachte, wie man mit einem Speer Fische fing, setzte sie sich auf einen Granitfelsen. Gleich neben ihr tummelten sich hunderte von blauen Schmetterlingen, die ihre riesigen Flügel auf- und zuklappten. Leider dauerte es nicht lange, und auch Kiko hatte die Schmetterlinge entdeckt. Er sprang auf sie zu, um nach ihnen zu greifen. Sie hoben sich wie eine blaue Wolke in die Luft und flatterten davon.

Als die Kinder später am Nachmittag zurück ins Dorf kamen, herrschte dort geschäftiges Treiben. Die Jäger, die ihnen zuvor im Wald begegnet waren, hatten inzwischen ihr Wild ausgenommen, fachmännisch zerlegt und an die Familien im Shabono verteilt. Überall loderten Kochfeuer auf, und die Luft war erfüllt von dem Geruch gebratenen Fleisches. Rikomi lud die Geschwister und Tepi ein, zusammen mit seiner Familie zu essen. Und bald hockten sie um das Feuer und verschlangen gierig Bananenbrei mit gebratenen Wildhühnchen. Die Sonne war längst untergegangen, und nur die flackernden Feuer

tauchten das Shabono in ein gespenstisches Licht. Da entdeckte Safira Carla und Senhor Almeida im Feuerschein. Die beiden unterhielten sich angeregt. Ob Carla wohl gerade versuchte, dem Journalisten sein Geheimnis zu entlocken?

„Jetzt gehen sicher bald alle schlafen", flüsterte Raul seiner Schwester zu.

„Noch lange nicht", berichtigte ihn Rikomi, der zugehört hatte. „Jetzt geht es erst so richtig los."

Tatsächlich setzte aus den verschiedensten Ecken des Shabono plötzlich ein Singsang ein, der immer lauter und intensiver wurde. Bald bebte der Boden unter stampfenden Füßen.

„Was ist denn das?", wunderte sich Safira.

„Das sind nur die Männer, die einen Jagdtanz aufführen", erklärte Rikomi.

Es schien eine Ewigkeit zu dauern, bis die Männer ihren rhythmischen Tanz beendeten und sich endlich in ihre Hängematten zurückzogen. Das einzige Geräusch, das man kurze Zeit später noch hören konnte, war das nächtliche Konzert der Frösche und hin und wieder ein verkohlter Ast, der knisternd in die Glut fiel.

Auf ein gemeinsames Zeichen hin kletterten Raul und Safira aus ihren Hängematten. Tepi schlief tief und fest, und die Geschwister entschlossen sich, ihn weiterschlafen zu lassen. Vorsichtig schlichen sie zu dem Journalisten, der friedvoll in seiner Hängematte schlummerte. Raul knipste eine Taschenlampe an und begann, den Rucksack des Mannes zu durchsuchen. Doch außer Kleidung, einem Beutel mit Zahnbürste und Seife, einem Handtuch und mehreren Krimis fanden sie nichts Erwähnenswertes. Erst als sich Raul an die Kameratasche machte, fiel ihm ein brauner Umschlag in die Hände. Vorsichtig öffnete er ihn.

„Das gibt's doch nicht", murmelte er und reichte eines der Bilder seiner Schwester. „Hier sind Rosa und Oduvaldo drauf."

Im Umschlag waren insgesamt sechs Fotos, die alle den Eingang ihres Wohnhauses in Rio de Janeiro zeigten.

„Die wurden am Tag des Einbruchs geknipst", stellte Raul fest.

„Klar", flüsterte Safira aufgeregt. „Das sind die Aufnahmen, die Senhor Almeida vom Café aus von unserem Hauseingang gemacht hat. Diese Fotos sind der eindeutige Beweis, dass der Fotograf in Rio und der Journalist aus Brasilia ein und dieselbe Person sind. Hab ich mir's doch gleich gedacht, dass mit dem Mann etwas nicht stimmt."

Raul untersuchte die Fotos. „Guck dir das mal an." Er hielt die Taschenlampe näher. „Wir können mit diesen Schnappschüssen ganz genau herausfinden, was an jenem Nachmittag passiert ist."

Safira blickte ihm über die Schulter. „Können wir nicht", widersprach sie leise. „Die Fotos sind ja völlig durcheinander geraten."

„Kein Problem", meinte Raul. „Wir müssen sie nur wieder in der richtigen Reihenfolge sortieren. Das ist nicht schwer."

In welcher Reihenfolge wurden die Fotos aufgenommen?

Biopiraten im Regenwald

„Irgendwie ergibt das keinen Sinn", bemerkte Raul. „Zwar habe ich mich von Anfang an gewundert, warum der Mann unseren Hauseingang fotografiert hat, doch diese Schnappschüsse ..."

„Das liegt doch klar auf der Hand", unterbrach ihn Safira. „Senhor Almeida hat offensichtlich nichts mit dem Einbruch zu tun. Vermutlich hat er herausgefunden, dass etwas geplant war, hat im Café gewartet und dann den Dieb mit seiner Kamera auf frischer Tat ertappt."

„Stimmt, auf den Fotos ist der Einbrecher deutlich zu erkennen", gab Raul zu, „doch wieso ist Almeida damit nicht gleich zur Polizei gegangen?"

Safira zuckte mit den Achseln. „Vielleicht war das nicht nötig, weil er in Wirklichkeit selbst Polizist ist ..."

„Und weshalb musste er so schnell zum Flughafen?", bohrte ihr Bruder nach.

„Weil er auf einer heißen Spur war", sagte das Mädchen. „Vermutlich wollte er auch nur so schnell wie möglich nach Roraima, um Papa vor irgendetwas zu warnen."

„Wenn das stimmt", stellte Raul fest, „müssen wir den Mann unbedingt fragen, was hier vor sich geht." Er steckte den Umschlag mit den Fotos zurück in die Kameratasche. Erst jetzt bemerkte er einen kleinen Zeitungsausschnitt, der in der Seitentasche steckte. Neugierig zog er ihn heraus und richtete den Strahl der Taschenlampe darauf.

„Höchst interessant", murmelte er und reichte den Artikel seiner Schwester. „Das erklärt einiges."

Biopiraten bedrohen Regenwald

Früher raubten Piraten Gold und Juwelen, heute sind sie auf andere Schätze aus: die kostbaren Medizinpflanzen der Regenwälder.

„Fälle von Biopiraterie haben in den vergangenen Jahren in Brasilien stark zugenommen", meint Sandro Fernandez Almeida, Gründer der Organisation Selva Verde, die sich für den Schutz unseres Regenwaldes einsetzt. Opfer dieser Verbrechen, so berichtet Almeida, seien die Ureinwohner unseres Landes. Die Biopiraten würden den Medizinmännern ihre Geheimnisse entlocken und anschließend die Pflanzen außer Landes schmuggeln. In den Laboren der ausländischen Pharmakonzerne werden deren Wirkstoffe dann in Medikamente verwandelt, die wiederum große Gewinne einbringen. Die Indianer sehen von diesen Millionen keinen Centavo. Sie gehen leer aus.

„Dem Diebstahl dieses Grünen Goldes", meint Almeida, „muss unbedingt Einhalt geboten werden."

„Senhor Almeida ist auf der Spur von Biopiraten", wisperte Safira aufgeregt. „Auf Papas Karteikarten waren sicher Informationen über seltene Pflanzen verzeichnet, die der Dieb im Ausland verkaufen will."

In diesem Augenblick kam ein Geräusch von einer der Hängematten. Raul knipste schnell das Licht aus und zog Safira hinter einen der Pfosten, die das Dach stützten. Doch es war nur einer der Yanomami, der sich im Schlaf unruhig hin und her wälzte.

Safira atmete erleichtert auf. „Komm, lass uns auch schlafen", meinte sie gähnend. „Es hat Zeit bis morgen Früh, mit Senhor Almeida zu sprechen." Leise tapsten sie zurück zu ihren Hängematten.

Als Tepi die Geschwister am nächsten Morgen weckte, hing der Nebel tief über dem Shabono. Rikomis Mutter war bereits zusammen mit den anderen Frauen am Fluss gewesen, um Wasser zu holen, und stocherte gerade in der Feuerstelle herum, um die nächtliche Glut wieder zu beleben.

„Don Sandro ist spurlos verschwunden!", rief Tepi aufgebracht.

„Was?" Raul rieb sich schläfrig die Augen, und es dauerte eine Weile, bis er sich erinnerte, wo er war.

„Ihr habt verschlafen und eure Chance versäumt, sein Gepäck nach den Karteikarten zu durchsuchen."

„Haben wir nicht", klärte ihn Raul auf und berichtete kurz, was sie in der Nacht herausgefunden hatten.

„Fragen könnt ihr ihn jetzt allerdings nicht mehr", stellte Tepi trocken fest.

„Wir könnten mit Dona Carla sprechen", schlug Safira vor, die noch immer schläfrig in ihrer Hängematte schaukelte.

„Die ist auch weg." Tepi deutete auf die leere Stelle, an der in der Nacht zuvor die Hängematte der Völkerkundlerin gehangen hatte. „Laut Rikomi sind die beiden mit Sack und Pack vor Morgengrauen in Richtung Forschungsstation losgezogen."

„Was?" Safira konnte es nicht fassen. „Wieso haben sie uns nicht Bescheid gesagt?"

„Vielleicht arbeitet Dona Carla auch für diese Organisation", schlug Tepi vor. „Geheimagenten von Selva Verde auf der Jagd nach Biopiraten."

„Während die Männer gestern Abend tanzten, haben sich die beiden unterhalten", sagte Safira. „Ich möchte wetten, dass sie zu diesem Zeitpunkt bereits wussten, dass sie heute Früh zusammen aufbrechen würden. Sie hätten uns wirklich in ihre Pläne einweihen können."

„Vielleicht ist es zu gefährlich", wandte Raul ein.

„Der Brief für Papa!", rief Safira plötzlich.

„Welcher Brief?" Raul wusste nicht, wovon seine Schwester sprach.

„Na, der Brief, den wir für ihn mit nach Esperança nehmen sollten. Erinnerst du dich nicht mehr?"

„Der Brief von seinem Kollegen? Ja, jetzt fällt es mir wieder ein. Was ist damit?"

„Darin stehen angeblich wichtige Informationen

für Papa. Vielleicht war auch er Biopiraten auf der Spur. Wir sollten den Brief öffnen und nachsehen, was drinsteht."

„Hervorragende Idee", mischte sich Tepi ein. „Na, los, wo ist er?" Erwartungsvoll blickte er Safira an.

„Er ist in dem Gepäck, das ich in der Forschungsstation zurückgelassen habe", gab sie kleinlaut zu.

„Kein Problem", ermutigte sie der Caboclo-Junge. „Wir müssen sowieso zurück, und außerdem ist das die gleiche Richtung, in die Dona Carla und Senhor Almeida losmarschiert sind. Wenn wir uns beeilen, holen wir sie sogar noch ein."

Sie verabschiedeten sich von den Yanomami und verließen Tokori, nicht ohne sich vorher für die Gastfreundschaft bedankt zu haben. Rikomi begleitete die Kinder noch bis zu der Pflanzung am Rand des Regenwalds, danach waren sie wieder auf sich allein gestellt.

Mehrere Stunden später kamen sie verschwitzt in der Forschungsstation an. Sie eilten die Stufen zur Veranda hoch und traten durch die Fliegentür. Von den beiden Agenten war keine Spur zu sehen, nur Graf Draculas leises Schnarchen drang aus dem Nebenraum.

„Sie sind schon wieder weg", stellte Safira enttäuscht fest. Dann kniete sie sich neben ihre Tasche, die immer noch an der gleichen Stelle lag, an der sie sie gestern Früh zurückgelassen hatte. Aufgeregt zerrte sie am Reißverschluss und kramte nach dem braunen Umschlag.

„Gib schon her", rief Raul, als sie ihn endlich fand. Er öffnete das Kuvert, zog ein beschriebenes Blatt hervor und überflog den Text:

Lieber Luís,
hier die Informationen, nach denen du dich erkundigt hast. Für den Fall, dass der Brief in die falschen Hände fällt, benutze ich sicherheitshalber unseren Geheimcode.

ΔΑΣ ΒΙΟΛΟΓΙΣΧΗΕ ΙΝΣΤΙΤΥΤ
ΔΕΡ ΥΝΙςΕΡΣΙΤΑΕΤ ΟΞΦΟΡΔ ΗΑΤ
ΒΕΣΤΑΕΤΙΓΤ, ΔΑΣΣ ΦΛΕΔΕΡΜΑΥΣΕΞΠΕΡΤΕ
ΧΟΛΙΝ ΜΟΡΤΙΜΕΡ ΔΕΡΖΕΙΤ ΙΝ
ΒΡΑΣΙΛΙΕΝ ΦΟΡΣΧΗΤ.
ΕΙΝΕ ςΟΕΛΚΕΡΚΥΝΔΛΕΡΙΝ ΜΙΤ ΔΕΜ
ΝΑΜΕΝ ΧΑΡΛΑ ΓΑΡΧΙΑ ΧΑΡςΑΛΗΟΣ
ΓΙΒΤ ΕΣ ΝΙΧΗΤ. ΑΛΛΕΡΔΙΝΓΣ ΩΙΡΔ ΕΙΝΕ
ΦΡΑΥ ΓΛΕΙΧΗΕΝ ΝΑΜΕΝΣ ΩΕΓΕΝ
ΒΕΤΡΥΓ ςΟΝ ΔΕΡ ΠΟΛΙΖΕΙ ΓΕΣΥΧΗΤ.

Ich hoffe, dass dir dies bei deinen Ermittlungen weiterhilft. Dein Fabrîcio

„Unmöglich", stellte er gleich darauf fest. „Das können wir nie entziffern. Der Text ist in einem Geheimcode geschrieben."

Doch Safira wollte nicht so schnell aufgeben. „Irgendwie kommen mir die Zeichen bekannt vor", murmelte sie. „Die habe ich schon mal irgendwo gesehen." Sie ließ ihren Blick über das Regal mit den Gläsern und Plastikbehältern schweifen, bis hin zur Pinnwand, die oberhalb des Schreibtischs hing. Sie untersuchte die verschiedenen Zettel, die mit Reißzwecken an der Korkplatte festgeheftet waren.

„Habe ich es nicht gesagt", verkündete sie und deutete triumphierend auf einen kleinen Zettel. „Der ist mir vor zwei Tagen schon aufgefallen, und ich habe mich gewundert, was das bedeutet." Aufgeregt riss sie ihn von der Wand. „Hier ist ein A", murmelte sie, „und hier ein Z. Jungs, das ist kinderleicht." Und sie begann, die Nachricht Buchstabe für Buchstabe zu entschlüsseln.

Wie lautet die Nachricht?

Im Goldgräberlager

„Dona Carla wird von der Polizei gesucht?" Safira konnte es einfach nicht glauben. „Aber sie ist doch so nett."

„Euer Vater hat wohl Lunte gerochen und deswegen den Kollegen in Rio gebeten, seinen Verdacht zu überprüfen. Dabei hat sich herausgestellt, dass er Recht hatte. Möchte wetten, dass die Frau eine Biopiratin ist."

„Ob Senhor Almeida davon weiß?", warf Safira besorgt ein.

Tepi schüttelte den Kopf. „Ich vermute, sie hat ihm irgendeine Lügengeschichte aufgetischt, und der arme Mann läuft gerade in diesem Augenblick ahnungslos in eine Falle. Wir müssen ihn unbedingt warnen."

„Und wie sollen wir das tun, wenn wir nicht einmal wissen, wo er ist?"

„Wir könnten Graf Dracula wecken", schlug Raul vor. „Vielleicht weiß der, wohin sie von hier weitergereist sind." Er klopfte an die Tür zum Nebenraum, die leicht angelehnt war. „Gra..., ähm, ich meine Senhor Mortimer?"

Colin Mortimer schlug verschlafen die Augen auf.

„Was ist denn jetzt schon wieder", brummte er. „Ach, ihr seid es. Habt ihr euren Vater gefunden?"

Raul ging auf die Frage nicht ein. „Senhor Mortimer, haben Sie heute Dona Carla und den Journalisten gesehen?"

„Carla, die Völkerkundlerin? Ja, die hat mich vor einer Weile durch ihre laute Stimme aus dem Schlaf gerissen. Manchmal frage ich mich, ob denn hier niemand versteht, dass Fledermausforscher auch mal schlafen müssen."

„Wissen Sie, wohin die beiden wollten?"

„Keine Ahnung. Ich habe nur ein paar Wortfetzen mitbekommen. Klang, als ob sie sich über einen Film unterhielten. Piraten oder so was. Allerdings haben sie derartig schnell gesprochen, dass ich kaum etwas verstanden habe. Nur die Begriffe ‚Áqua Dourada' und ‚geheimer Treffpunkt'. Das war alles. Danach bin ich wieder eingeschlafen. Wieso interessiert ..."

„Schlafen Sie gut weiter, Senhor Mortimer", unterbrach Tepi den Mann und zog Raul aufgeregt von der Tür weg.

„Áqua Dourada ist eine verlassene Goldgräbersiedlung, flussabwärts in der Nähe von Esperança", erklärte er den Geschwistern aufgeregt. „Es steht immer noch eine leere Hütte dort."

„Klingt wie der ideale Treffpunkt für Biopiraten", meinte Raul fachmännisch.

„Du hast es erfasst."

Unverzüglich eilten die Kinder zum Ufer hinab. Sie hatten die Stelle, an der Tepi sein Boot vor zwei Tagen befestigt hatte, gleich gefunden und schoben es mit gemeinsamen Kräften in den Fluss. Tepi kippte den Motor ins Wasser und zog an der Anlasserschnur. Nichts geschah. Er zog wieder an. Diesmal stotterte der Motor leise, starb dann aber wieder ab. Erst beim dritten Versuch knatterte er los, und bald darauf schossen sie mit Vollgas in Richtung Esperança den Fluss entlang. Da sie mit der Strömung fuhren, brauchten sie wesentlich weniger Zeit als auf der Hinfahrt. Flussdelfine umkreisten das Boot, tauchten auf und verschwanden wieder in den Fluten. Doch die Kinder bemerkten sie nicht. Sie hatten nur eines im Sinn: Sie mussten Senhor Almeida vor Dona Carla warnen.

Kurz vor Esperança verlangsamte Tepi das Boot und lenkte es aufs Ufer zu, wo bereits ein anderes Boot verankert war.

„Die Goldgräbersiedlung ist ein Stück den Pfad entlang", erklärte der Junge, setzte sich Kiko auf die Schulter und sprang an Land.

Es dauerte nicht lange, und sie hatten eine Lichtung erreicht, die bis auf eine baufällige Hütte verlassen schien.

„Passt auf, dass ihr nicht in einen der alten Schürfkrater fallt", warnte sie Tepi. „Man kann sie kaum mehr sehen, da alles wieder überwachsen ist." Er blieb einen Augenblick stehen. "Vor mehreren Jahren wimmelte es hier noch von Garimpeiros. Sie haben wochenlang Löcher gegraben und mithilfe von Dieselmotoren die Erde gewaschen. Als dann alles Gold ausgebeutet war, sind sie eines Tages weitergezogen, um anderswo in Roraima nach Gold zu suchen."

Sie schlichen vorsichtig an die Baracke heran.

"Hinter dem Bau gibt es ein Fenster", flüsterte Tepi. "Vielleicht können wir von dort was sehen."

Tatsächlich befand sich in der Rückwand ein winziges Fenster, doch es war zu hoch. Glücklicherweise stand gleich daneben eine alte Regentonne, auf die Raul umgehend kletterte.

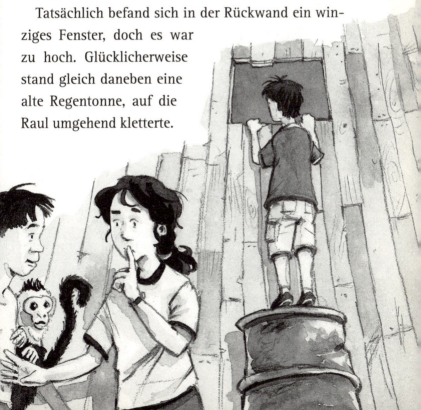

Im Halbdunkel konnte er Dona Carla an einem grob gezimmerten Tisch erkennen. Ihr gegenüber saß ein alter, grauhaariger Mann, der einen Revolver am Gürtel trug. Gerade reichte sie dem Alten ein Bündel Geldscheine, das er langsam zu zählen begann.

„Und vergiss nicht, die Gefangenen erst in zwei Tagen freizulassen", erinnerte sie ihn. „Wir müssen unbedingt sichergehen, dass Geraldo und ich zu diesem Zeitpunkt bereits außer Landes sind." Sie blickte auf ihre Armbanduhr. „Und jetzt bringst du mich besser nach Esperança. Die Maschine ist inzwischen bestimmt startbereit."

Erst jetzt entdeckte Raul die beiden gefesselten und geknebelten Gestalten, die in der Ecke der Hütte am Boden lagen. Betroffen hielt er seine Hand vor den Mund: Es waren Senhor Almeida und sein Vater. In diesem Augenblick spürte der Junge ein Kitzeln im Nacken, wie ein Blatt, das ihn sachte berührte. Er wollte es gerade mit der Hand wegwischen, als er Tepis leisen Warnruf hörte.

„Beweg dich nicht von der Stelle", zischte er. „Dir sitzt eine Vogelspinne auf der Schulter."

Raul drehte langsam seinen Kopf zur Seite. Auf seiner Schulter saß eine riesige, schwarzbraune Spinne mit langen haarigen Beinen.

„Ist sie giftig?", wisperte er, während er ängstlich das große Beißwerk des Tieres musterte.

„Für eine Maus schon, für einen Menschen nicht. Allerdings kann ein Biss sehr schmerzhaft sein."

Reglos starrte Raul auf die Spinne, die seinen Arm und sein Bein hinabkrabbelte, an der Tonne hinunterlief und schließlich unter dem Haus verschwand. Erst dann atmete er erleichtert auf.

„Puh, das ist ja gerade nochmal gut gegangen." Vor lauter Aufregung hatte er nicht bemerkt, dass Dona Carla und der alte Mann die Hütte verlassen hatten.

Safira, die ein Geräusch gehört hatte, war um den Bau geschlichen und sah gerade noch, wie der Alte die Hütte abschloss und zusammen mit Carla den Pfad zum Fluss einschlug.

„Dona Carla und ein Mann gehen zurück zum Boot", teilte sie den Jungen mit. „Wir müssen ihnen nach."

„Zuerst müssen wir Papa und Senhor Almeida befreien", verkündete Raul, während er von der Tonne rutschte.

„Wie bitte?" Safira verstand nicht.

Raul berichtete, was er in der Hütte gesehen hatte.

„Worauf warten wir noch!", rief Tepi und eilte um die Hütte herum. „So ein Mist", fluchte er gleich darauf. „Die Tür ist mit einem Zahlenschloss versperrt. Ohne die genaue Zahlenkombination kommen wir da nie rein."

Während er am Schloss rüttelte, sprang Kiko von seiner Schulter und landete geschickt auf dem Boden. Der Affe hatte einen bedruckten Zettel ent-

deckt. Bevor er ihn sich schnappte, konnte Safira gerade noch sehen, dass darauf ein Vorhängeschloss abgebildet war. Daneben hatte jemand mehrere Wörter gekritzelt.

„Die Anleitung fürs Schloss", rief sie, und hoffnungsvoll fügte sie hinzu: „Vielleicht hat sich der Alte den Zahlencode aufgeschrieben und den Zettel nur versehentlich verloren. Wir müssen unbedingt sehen, was darauf steht. He, Kiko! Gib her!" Sie versuchte, nach dem Papier zu greifen, doch der Affe war schneller. Er sprang aufs Dach und zeigte seine Zähne, während er den Kindern mit dem Zettel zuwinkte.

„Wir könnten ihn mit Futter vom Dach locken", schlug Tepi vor. Er holte ein paar Erdnüsse aus seiner Hosentasche und streckte seine Hand aus. „Komm,

Kiko!", rief er. Dem Äffchen gefiel es, die Kinder zum Narren zu halten, doch einer Hand voll Erdnüsse konnte er nicht widerstehen. Er ließ den Zettel fallen, hüpfte vom Dach und verschlang die Nüsse. Safira griff schnell nach dem Zettel.

„Na, das hilft uns auch nicht weiter", meinte sie enttäuscht. „Da hat sich zwar tatsächlich jemand eine Zahlenkombination notiert, aber sie ist verschlüsselt."

Tepi und Raul blickten ihr über die Schulter.

„Kein Problem", verkündete Raul. „Das schaffen wir ohne großes Kopfzerbrechen, denn ich weiß genau, wie viele Beine eine Vogelspinne hat."

Wie lautet die Zahlenkombination?

Kiko ist die Rettung

„Safira, Raul!" Senhor Luís traute seinen Augen nicht, als die Kinder die Hütte betraten und die beiden Gefangenen von ihren Fesseln befreiten. „Ich habe mir schon solche Sorgen um euch gemacht. Die ganze Zeit sah ich euch alleine an der Landepiste stehen und wusste nicht, was ich machen sollte." Er drückte Safira und Raul ganz fest an sich.

„Ja, Sie haben kluge Kinder", bestätigte Senhor Almeida, während er sich die schmerzenden Handgelenke rieb. „Doch jetzt müssen wir so schnell wie möglich nach Esperança, um eine Bande von Biopiraten daran zu hindern, ihre Beute ins Ausland zu schmuggeln." Er wollte schon den Weg zum Fluss einschlagen, als ihn Tepi zurückhielt.

„Ich kenne eine Abkürzung", erklärte er und deutete auf einen schmalen Pfad, der in den Wald hineinführte. „Dort entlang sind wir schneller als auf dem Wasser."

Während sie zügig über den weichen Waldboden schritten, berichtete Senhor Luís, wie er vor einigen Tagen mitten im Urwald von dem alten Garimpeiro überrascht worden war.

„Der Mann hielt einen Revolver direkt auf mich gerichtet, und mir blieb nichts anderes übrig, als mit ihm zu gehen. Er schleppte mich in das Goldgräberlager und ließ mich gefesselt in der Hütte zurück."

„Wussten Sie denn, was vor sich ging?", fragte Senhor Almeida.

„Und ob", fuhr Senhor Luís fort. „Ich hatte schon vor einigen Wochen Verdacht geschöpft. Erst verschwanden Unterlagen aus der Forschungsstation, danach mehrere meiner Stecklinge. Zunächst vermutete ich, es sei Colin Mortimer, der englische Professor, doch der hatte wirklich nur Fledermäuse im Sinn. Da blieb nur noch Carla. Um mehr über sie herauszufinden, rief ich einen Kollegen in Rio an. Er wollte in meinem Auftrag Nachforschungen stellen. Allerdings hat er sich nie wieder bei mir gemeldet."

„Oh doch, aber der Brief hat dich leider nie erreicht", meinte Safira.

Dicht über ihnen krächzte es heiser. Zwischen dem dichten Blattwerk konnte man einen riesigen orangegelben Schnabel aufblitzen sehen. Ein großer schwarzer Vogel mit weißer Brust hüpfte den Ast entlang.

„Ein Tukan", erklärte Tepi und blieb stehen. „Die können nicht besonders gut fliegen."

„Wir müssen uns sputen", drängte Senhor Almeida zur Eile. „Das Flugzeug kann jeden Moment abfliegen. Ich kann die Motoren schon hören."

Wenig später traten sie aus dem dichten Wald. Ein Stück vor ihnen lag die Landepiste, die in der sengenden Sonne flimmerte. Dona Carla war gerade dabei, mehrere Gepäckstücke ins Flugzeug zu laden. Als sie ihre Verfolger wahrnahm, winkte sie ihnen unverfroren zu. Dann griff sie nach dem letzten Gepäckstück, einem kleinen Metallkoffer, und machte sich daran, ins Flugzeug zu steigen.

„So ein Mist", fluchte Senhor Almeida. „Wir sind zu spät."

„Sind wir nicht", murmelte Tepi. Er flüsterte Kiko etwas ins Ohr. Im nächsten Augenblick sauste der Affe blitzschnell über die Landebahn auf die Maschine zu und sprang mit einem Riesensatz auf Carlas Kopf. Die Frau, die gerade einen Fuß aufs Trittbrett gesetzt hatte, wusste nicht, wie ihr geschah. Sie stolperte zurück auf die Piste und versuchte, mit ihrer freien Hand nach dem Affen zu schlagen. Mit der anderen hielt sie immer noch den kleinen Koffer, doch er entglitt ihrer Hand und fiel krachend auf den Boden. Unzählige kleine Plastikbehälter rollten unter die Räder der startbereiten Maschine, und ein Stapel beschriebener Blätter wirbelte im Wind der Propeller.

Nun hatten auch die anderen das Flugzeug erreicht.

„Der Mann im Cockpit", rief Safira aufgeregt über das Motorengeräusch hinweg. „Er will sich aus dem Staub machen."

Carlas Partner hatte sich über den Copilotensitz gebeugt und angelte gerade nach der Tür. Doch Sen-

hor Almeida war schneller. Er packte den Mann im letzten Augenblick und zog ihn aus der Maschine.

„Kommt dir der Mann auch bekannt vor?", flüsterte Raul seiner Schwester zu.

Safira überlegte kurz. „Ja, aber ich weiß nicht, woher."

„Es ist der Mann von den Fotos", klärte sie ihr Bruder auf. „Der Mann, der Papas Karteikarten gestohlen hat."

Der Lärm hatte mehrere Neugierige angelockt. Mit der Hilfe einiger starker Männer war es ein Leichtes, die Verbrecher zu überwältigen und den alten Garimpeiro, der sich in der Lagerhalle neben der Piste versteckt hatte, festzunehmen.

Währenddessen war Senhor Almeida ins Flugzeug gestiegen. Er hatte sich den Kopfhörer des Piloten aufgesetzt und fummelte am Schaltbrett herum. Kurz darauf sprach er etwas Unverständliches ins Mikrofon des Funkgerätes und schaltete schließlich den Motor aus. Das laute Brummen verstummte, und der

Propeller hielt nach ein paar weiteren Umdrehungen an.

„Die Polizei aus Boa Vista ist unterwegs", verkündete er und sprang leichtfüßig aus der Maschine.

Raul, Safira und Tepi hatten inzwischen Senhor Luís geholfen, die Plastikbehälter einzusammeln. Sie enthielten eine Sammlung von Samen, Stecklingen, Wurzeln, Blättern und Blüten. Gleich neben dem Rad des Flugzeugs fanden sie auch Dona Carlas dickes Notizbuch. In winziger Schrift hatte die Frau aufgeschrieben, wie die bestimmten Pflanzen aussahen, wo sie wuchsen, ob man Blätter, Wurzeln oder Blüten benutzte, wie man die Medizin zubereitete und gegen welche Leiden und in welcher Dosierung sie zu verwenden waren. Senhor Luís packte alles sorgfältig in den Metallkoffer und ließ das Schloss zuschnappen.

„Was hast du eigentlich deinem Affen ins Ohr geflüstert?", fragte er Tepi neugierig.

„Ach, nur, dass er bei der Frau nach Läusen suchen soll."

Später saßen sie auf der Veranda vor Tepis Elternhaus und schlürften frischen Maracujasaft. Von hier bot sich ein einmaliger Blick auf den Fluss, der im

Abendrot leuchtete. Ein Schwarm schnatternder, grüngelber Sittiche überquerte ihn im Tiefflug und segelte auf die untergehende Sonne zu.

„Wie kamen Sie eigentlich auf die Spur der Biopiraten, Senhor Almeida?", wollte der Vater wissen.

„Selva Verde bekam einen Tipp, dass ein gewisser Geraldo Pflanzen außer Landes schmuggeln wollte. Ich hatte die Aufgabe, ihn zu beschatten. Schon am ersten Tag habe ich ihn auf frischer Tat ertappt, als er in Rio in Ihre Wohnung einbrach. Ohne dass der Mann mich bemerkte, stellte ich ihm weiter nach, bis ich in Boa Vista schließlich seine Spur verlor. Immerhin wusste ich, dass er irgendwo in Roraima seinen Partner treffen wollte, doch ich hatte keine Ahnung, wo genau, und vor allem nicht, wer sein Partner war."

„Weshalb kamen Sie dann nach Tokori?", mischte sich Tepi ein.

„Wir vermuteten von Anfang an, dass es die Biopiraten auf die Arbeit von Senhor Luís abgesehen hatten. Ich wollte ihn warnen."

„Haben Sie denn Dona Carla nicht verdächtigt?", wollte Raul wissen.

„Nein, auf diesen Gedanken wäre ich nie gekommen. Die Frau ist eine äußerst glaubwürdige Lügnerin. Sie hat mir ein Märchen von verdächtigen Männern erzählt, die angeblich Pflanzen in Plastiktüten gepackt hätten. Sie wollte mich zu ihnen führen. Dass Carla die Frau war, nach der ich suchte, merkte ich erst, als ich schon in der Falle saß." Er sah die Kinder an. „Ohne euch hätten wir es nie geschafft, die Piraten zu stellen und diesen Fall abzuschließen."

„Ganz ist der Fall aber noch nicht abgeschlossen", widersprach Safira. „Wir wissen immer noch nicht, wie der Mann in Rio ohne Schlüssel in unsere Wohnung gelangt ist."

„Der Schlüssel", murmelte Senhor Luís kopfschüttelnd. „Ich habe mich schon die ganze Zeit gewundert, wo der abgeblieben ist."

Die anderen sahen ihn verständnislos an.

„Ich trage meinen Schlüsselbund gewöhnlich in der Hosentasche. Doch da ich ihn hier im Regenwald nicht brauche, habe ich ihn an meine Pinnwand in der Forschungsstation gehängt. Eines Tages war er verschwunden."

„Dona Carla hat ihn sich ausgeliehen", stellte Safira fest, „und ihn nach Rio zu ihrem Partner geschickt. Jetzt wird mir alles klar."

„Damit ist dann wohl das Geheimnis der gestohlenen Karteikarten endgültig gelöst", grinste Raul.

„Richtig", erwiderte seine Schwester. „Und jetzt, da die Biopiraten und der alte Garimpeiro hinter Gittern sitzen, können unsere Ferien im Regenwald endlich beginnen."

Lösungen

Ein ungebetener Besucher
Die Karteikarten sind verschwunden.

Die Suche nach Pedro
Der Mann fuhr zum Santos-Dumont-Flughafen.

Winterferien im Regenwald
Wenn man die *chr*-Laute aus dem Text entfernt, kann man verstehen, was der Vater von Safira und Raul sagt. Die Nachricht lautet:
Hallo. Hier spricht Luís, euer Vater. Hoffentlich könnt ihr mich verstehen, denn der Empfang unseres Satellitentelefons unterliegt mal wieder Störungen. Also, ihr fliegt am Samstag von Rio bis nach Boa Vista. Dort wird euch Felipe abholen. Er ist ein Pilot, der uns in der Siedlung regelmäßig mit Proviant und Benzin versorgt. Es ist nur ein kurzer Flug in den Regenwald, und er wird euch in Esperança absetzen. Ich werde dort bei der Landepiste auf euch warten. Guten Flug!

Die Siedlung am Fluss
Sie müssen in den zweiten Fluss von links einbiegen.

Graf Dracula
Tepi hat einen Jaguar entdeckt.

Durch den Urwald
Sandro Fernandez Almeida könnte der Mann aus dem Straßencafé in Rio sein.

Bei den Yanomami
Die richtige Reihenfolge lautet: 3 – 6 – 4 – 5 – 2 – 1

Biopiraten im Regenwald
Die Zeichen auf dem Zettel sind das Alphabet. Man kann das A und das Z erkennen und damit die restlichen Buchstaben entschlüsseln. Der Text lautet:
Das biologische Institut der Universitaet Oxford hat bestaetigt, dass Fledermausexperte Colin Mortimer derzeit in Brasilien forscht. Eine Voelkerkundlerin mit dem Namen Carla Garcia Carvalhos gibt es nicht. Allerdings wird eine Frau gleichen Namens wegen Betrug von der Polizei gesucht.

Im Goldgräberlager
Eine Vogelspinne hat acht Beine. Damit kann man die restlichen Ziffern ausrechnen: 4 – 4 – 16 – 8

Glossar

Anakonda: acht bis neun Meter lange, südamerikanische Riesenschlange
Boa Vista: Hauptstadt des brasilianischen Bundesstaates Roraima
Brasilia: Hauptstadt Brasiliens
Caboclo: einfache Landbewohner, die von Indianern und Portugiesen abstammen
Centavo: kleinste brasilianische Währung (1 Real = 100 Centavos)
Dona: höfliche Anrede für Frauen, der der Vorname folgt (siehe Senhora)
Favela: Elendsviertel der brasilianischen Großstädte
Feijoada: brasilianisches Gericht aus Bohnen und Pökelfleisch, das mit Reis und Orangenscheiben serviert wird
Garimpeiro: Gold- oder Edelsteinsucher, der meist illegal arbeitet
Guaraná: tropische Frucht, aus der ein beliebtes Erfrischungsgetränk hergestellt wird. Es wird in Flaschen oder Dosen abgefüllt.
Jardim Botânico: Portugiesisch für Botanischer Garten
Leblon: Stadtteil von Rio de Janeiro
Machete: großes Buschmesser
Maniok: essbare Knollenpflanze, die im frischen Zustand giftig ist

Maracuja: runde, violette bis rotbraune süße Frucht. Man kann entweder das Fruchtfleisch auslöffeln oder es zu Saft verarbeiten.
Oi: portugiesische Begrüßung
Olá: portugiesische Begrüßung
Pekaris: mittelgroßes Wildschwein, das in Südamerika zu Hause ist
Piranha: Raubfisch mit scharfen Zähnen, der in südamerikanischen Flüssen lebt
Poreana: Totengeister der Yanomami. Die Seelen der Verstorbenen, die nicht wie gewöhnlich verbrannt wurden, können den Weg ins Totenreich nicht finden. Sie irren daher ziellos im Wald umher.
Roraima: Bundesstaat im Norden Brasiliens
Rua: Portugiesisch für Straße
São Paulo: brasilianische Stadt
Saubas: südamerikanische Blattschneiderameisen, die in wenigen Stunden ganze Bäume entlauben können
Schamane: Medizinmann, der eine Verbindung zwischen den Menschen und der Geisterwelt herstellen kann. Er heilt Kranke und wehrt bösen Zauber ab.
Senhor: portugiesische Anrede für Männer, der meist der Nachname, aber auch der Vorname folgen kann
Senhora: portugiesische Anrede für Frauen, der der Nachname folgt (siehe auch Dona)
Shabono (auch Maloca): rundes Gemeinschaftshaus der Yanomami, dessen Dach in der Mitte offen ist
Tcháu: Portugiesisch für Tschüss

Telenovela: portugiesische Bezeichnung für Fernsehserien mit täglichen Fortsetzungen. Telenovelas sind in Brasilien sehr beliebt.
Tonsur: kahl rasierte Stelle am Hinterkopf
Vila Cruzeiro Favela: Elendsviertel in Rio de Janeiro
Yanomami: südamerikanisches Indianervolk, das im nördlichen Amazonasbecken an der Grenze zwischen Brasilien und Venezuela lebt

Brasilien – das Land des Amazonas

Einige Fakten

Brasilien ist mit 8 547 403 Quadratkilometern das größte Land Lateinamerikas und das fünftgrößte Land der Erde. Es ist 24-mal größer als Deutschland, und es hat sehr viel mehr Einwohner – über 170 Millionen! Davon sind mehr als die Hälfte europäischer Abstammung. Der andere Teil setzt sich aus Menschen afrikanischer und asiatischer Abstammung sowie Mischlingen und indianischen Ureinwohnern zusammen.

Die Landessprache ist Portugiesisch. Außerdem werden in Brasilien aber auch mehr als hundert verschiedene Indianersprachen gesprochen.

Geografisch lässt sich Brasilien grob in zwei Landschaftstypen unterteilen: das Amazonasbecken im Norden mit dem größten Flusssystem der Erde und das Hochlandgebiet im Süden und Osten, das zur Küste hin schroff abfällt.

Dabei reichen die Klimazonen Brasiliens von den feuchtwarmen, tropischen Regionen des nördlichen Tieflandes bis zu den gemäßigteren Breitengraden des südlichen Hochlandes.

Im Amazonasbecken herrschen das ganze Jahr über die gleichen Temperaturen, während man in den anderen Regionen die jahreszeitlichen Unterschiede spüren kann. Da Brasilien auf der südlichen Erdhalbkugel liegt, ist es dort Sommer, wenn in Europa Winter ist, und umgekehrt.

Die unterschiedlichen Landschaften und die klimatischen Unterschiede spiegeln sich auch in der Vegetation wider. Im tropischen Amazonasbecken findet man Regenwald, in den anderen Regionen trockenes Buschland, Grassteppen, riesige Sumpfgebiete, Nadelwälder und Laubwald.

Brasilien ist reich an Bodenschätzen. Der Abbau von Gold, Eisenerzen und anderen Metallen wird gefördert. Außerdem gibt es wertvolle Edelsteine, wie Diamanten und Smaragde.

Die Landwirte bauen hauptsächlich Soja, Kaffee, Zuckerrohr, Tabak und Edelhölzer an. Aber auch die Rinderzucht spielt eine große Rolle.

Schule in Brasilien

Um rechtzeitig in der Schule zu sein, müssen brasilianische Kinder oft schon vor Morgengrauen aufstehen. Der Unterricht fängt bereits um 7 Uhr an. Ein typischer Schultag dauert bis 12 Uhr mittags, wenn die Schüler und Schülerinnen zum Mittagessen nach Hause gehen.

Freizeit beginnt für die meisten Kinder, wenn sie mit ihren Hausaufgaben fertig sind. Dann dürfen sie spielen, sich mit ihren Freunden treffen oder fernsehen.

In anderen Schulen findet der Unterricht nicht morgens, sondern nachmittags zwischen 13 Uhr und 17 Uhr statt. Die Hausaufgaben werden von den Schülern vormittags erledigt. Die wichtigsten Schulfächer sind Rechnen, Portugiesisch, Physik, Chemie, Geografie, Geschichte, Zeichnen und Turnen.

Die langen, brasilianischen Sommerferien am Ende des Schuljahres dauern von Anfang Dezember bis Anfang Februar. Im Juli, dem brasilianischen Winter, gibt es dann nochmals vier Wochen Ferien.

Obwohl die meisten Jungen und Mädchen regelmäßig die Schule besuchen, gibt es zahlreiche Kinder, die häufig nicht am Unterricht teilnehmen. Besonders in den Armenvierteln der großen Städte müssen viele schon früh zum Unterhalt ihrer Familien beitragen und Geld verdienen. Diese Kinder schwänzen die Schule, um zu arbeiten. Noch schlimmer ergeht es den Straßenkindern, die von ihren Eltern ganz im Stich gelassen wurden. Sie müssen sich als Autoscheibenwäscher, Schuhputzer oder Straßenverkäufer alleine durchschlagen. Statt nachts nach Hause zu gehen, schlafen sie in Hauseingängen und U-Bahn-Schächten. Zum Lernen und Spielen haben sie keine Zeit.

Doch überall in Brasilien, ob Stadt oder Land, gibt es Schulen. Sie sind inzwischen sogar bis in den dichten Regenwald vorgedrungen. Auch Indianerkinder haben die Gelegenheit, Schreiben und Lesen zu lernen. Dabei werden die Indianer in ihren eigenen Sprachen unterrichtet. Gleichzeitig lernen sie aber auch Portugiesisch. Dieses Wissen soll ihnen helfen, sich in der modernen Welt zurechtzufinden, ohne dabei ihre eigene Kultur zu verlieren. Yanomami-Kinder werden allerdings nicht gezwungen, die Schule zu besuchen. Nur wer Lust hat, nimmt am Unterricht teil, und Schüler sind oft nicht nur die Kinder, sondern auch Erwachsene.

Die Yanomami

Die Yanomami leben in Gruppen von dreißig bis dreihundert Menschen im nördlichen Amazonasbecken an der Grenze zwischen Brasilien und Venezuela. Sie wohnen in Siedlungen, die weit verstreut im Regenwald liegen.

Ein typisches Yanomami-Dorf besteht aus einem einzigen Gemeinschaftshaus, das Shabono oder Maloca genannt wird. Es erinnert an eine hölzerne Arena, die aus Ästen, Palmblättern, Lianen und Gras geflochten wurde. Die einzelnen Familien scharen sich um einen zentralen, dachlosen Platz. Hier haben sie ihre eigenen Feuerstellen und genug Platz, ihre Hängematten aufzuhängen.

Die Yanomami ernähren sich ausschließlich von den Tieren und Pflanzen des Regenwaldes. Die Männer gehen mit Pfeil und Bogen auf die Jagd und fangen Fische. Die Frauen sammeln Beeren, Früchte, Wildgemüse und Larven. Dieser Speisezettel wird ergänzt durch Ananas, Maniok, Bananen, Yucca, Zuckerrohr, Avocados und Papayas, die in kleinen Gärten am Rande des Urwalds angebaut werden.

Da der Boden nur begrenzt fruchtbar ist, müssen die Felder etwa alle drei bis vier Jahre verlagert werden. Häufig zieht dann das ganze Dorf an einen neuen Ort.

Die ersten Kontakte der Yanomami mit unserer westlichen Kultur fanden Mitte des 20. Jahrhunderts statt. Zunächst gelang es den Indianern, unberührt von diesen fremden Einflüssen weiterzuleben. Doch dann wurde in den 1980er-Jahren im Regenwald eine unheilvolle Entdeckung gemacht: Man fand Gold. Unzählige Goldsucher, so genannte Garimpeiros, wurden angelockt, um im Land der Yanomami ihr Glück zu machen. Dabei zerstörten sie den Wald, vergifteten die Flüsse und verjagten das Wild. Gleichzeitig ließ der Bau von Straßen Siedler und Holzfäller immer näher rücken. Krankheiten wurden eingeschleppt, an denen viele Indianer starben, da sie gegen Grippe und Masern keine Abwehrstoffe besaßen.

Inzwischen hat die brasilianische Regierung das Gebiet der Yanomami unter militärischen Schutz gestellt und die Goldgräber verjagt. Doch die Garimpeiros lassen sich nicht so schnell abwimmeln, und immer wieder gelingt es Schürfern, unerlaubt in die Gebiete vorzudringen. Der Regenwald, die Lebensgrundlage der Yanomami und ihrer Kultur, ist nach wie vor bedroht.

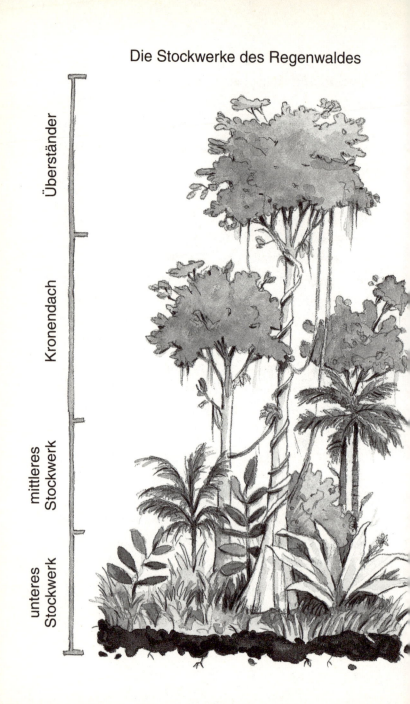

Die Stockwerke des Regenwaldes

Der Regenwald

Tropische Regenwälder findet man rund um die Erde entlang des Äquators – dort, wo es das ganze Jahr über gleichmäßig warm ist. Hier regnet es täglich, und die Luftfeuchtigkeit ist beständig hoch. Nur unter diesen klimatischen Bedingungen kann tropischer Regenwald gedeihen.

Die üppige Urwaldvegetation ist in Schichten aufgebaut. Dicht am Waldboden wuchern Farne, Moose und Flechten. Da die Sonne es nicht schafft, durchs dichte Blattwerk vorzudringen, ist es hier immer schattig, und es riecht nach feuchter Erde. Dies ist die Welt der Jaguare, Wildschweine, Ameisenbären und Tapire. Sträucher, kleinere Baumarten sowie junge Baumriesen wachsen bis ins nächste Stockwerk hoch. Wiederum ein Stück höher, dort wo Affen von Ast zu Ast schaukeln und Papageien nisten, findet man größere Bäume, deren Kronen sich zu einem dichten Blätterdach verdichten. Aus diesem grünen Meer ragen schließlich Baumriesen wie Inseln hervor (Überständer). Wenn es nicht gerade regnet, brennt die Sonne hier oben erbarmungslos nieder.

Der Regenwald des brasilianischen Amazonasbeckens gilt als der größte Urwald der Erde. Er erstreckt sich über eine Fläche, die zehnmal so groß ist wie Deutschland. Es finden sich dort mehr Tier- und Pflanzenarten als irgendwo sonst auf der Welt. Und ständig entdecken Wissenschaftler neue Arten. Für den Menschen sind vor allem die Medizinpflanzen von Bedeutung, denn zahlreiche Medikamente, die Ärzte bei uns verschreiben, stammen ursprünglich aus dem Regenwald.

Das Ökosystem des Regenwalds (sozusagen das Zusammenspiel von Tieren, Pflanzen, Klima und Boden) ist allerdings äußerst empfindlich und kann leicht aus dem Gleichgewicht geworfen werden. In Brasilien und anderen Ländern in Äquatornähe werden täglich riesige Flächen von Urwald gerodet. Sind die Bäume und Pflanzen verschwunden, verschwinden auch die Tiere. Der ungeschützte Boden ist der heißen Sonne ausgesetzt und trocknet aus. Das wiederum führt dazu, dass die schweren Regenfälle die Erde wegschwemmen und das Land zur Wüste wird.

Doch der Regenwald ist nicht nur für die Yanomami lebensnotwendig. Wir alle brauchen ihn, denn das immergrüne Blättermeer hilft, die verschmutzte Luft unseres Planeten zu reinigen und unser Klima zu regulieren.

Renée Holler hat bisher mehrere Sachbücher für Erwachsene und Kinder, Geschichten für Leseanfänger und zahlreiche Ratekrimis verfasst. Schon in ihrer Kindheit interessierte sie sich für andere Länder und Kulturen und wollte die Welt bereisen. Sie studierte Völkerkunde und Geografie und lebt heute mit ihrer Familie in England.

Günther Jakobs, geboren 1978, studierte Design und Philosophie und arbeitet seitdem als Kinder- und Jugendbuchillustrator. Wenn er eine Pause braucht, setzt er sich an sein Klavier oder spielt Klarinette. Er *macht* aber nicht nur Musik, sondern *hört* sie auch gerne – am liebsten Jazz. Günther Jakobs wohnt und arbeitet in Münster.

TATORT ERDE
Ratekrimis aus aller Welt

- *Spannende Sachinformationen und viele Rätsel*
- *Wissenswertes über landestypische Besonderheiten*
- *Ausführliches Glossar*

Der bekannte Professor Jameson will den Koalapark von Brendans und Mikes Vater besuchen.
Doch kaum ist er auf Magnetic Island eingetroffen, verschwinden plötzlich einige Koalas – hier sind Tierschmuggler am Werk! Wie dumm, dass Mike und Brendan kurz danach mit ihren Eltern nach Sydney fliegen. Dort werden sie kaum eine Chance haben, den Tätern auf die Spur zu kommen.
Oder vielleicht doch?

TATORT GESCHICHTE

Historische Ratekrimis

Geschichte erleben und verstehen!

www.loewe-verlag.de